読書原論

21世紀の読書＝忘れる読書

鷲田小彌太

言視舎

はじめに

本書のテーマは「忘れる読書」だ。「読書（内容）は忘れてもいい。」というより、「読書は忘れたほうがいい。」というのが主意だ。

エッ、読書とは「忘却」であり、「消失」だ。「浪費」であり、「ムダだ」、といいたいのか。

まったくそうではない。「忘れる読書」で「教養」が身につくといいたいからだ。

たしかに「本を読まないと、教養が身につかない。」とはよくよくいわれてきた。すくなくとも一九六〇年代までは、正統派《オールド》ファッションだった。

本書は、ニューファッションの読書術である。「教養」もおのずと形を変える。少数派《エリート》の教養から、多数派《ポピュラー》の教養へだ。「教養」とは何か、にも随時答えてゆこう。

ただし、ニューというのは、一九七〇年代から始まる現代の本流《メインコース》読書術である。この新しい波にさらされてきたのは、一九七〇年代以降生まれの世代で、読む本も変わったが、読み方、接し方も変わった。

一言でいえば、「暗記」の読書から「忘れる」読書への転換だ。記憶・暗記の時代から、考える・創造の時代転換を背景にもっている。何が、この転換＝革新を促《うなが》したのか？　これにもゆっくり答えよう。

じゃんじゃん読んで、じゃんじゃん忘れる。これこそ、この時代大転換に相応しい、21世紀の読書術だ、ひいては仕事術だ、人生を豊《リッチ》かにする生き方だ。老後の究極技だ。こう老いぼれのわたしは考える。

目次

0 「読書」とは？

最初から、遺憾なことだが、この序章をすっ飛ばしてもいい。むしろ飛ばしてほしい。「すべて最初が難しい。」最後に、できれば途中で、読んでほしい。

まずは「極論」でゆこう。

極論は危険である。「ものごと」の「一面」、「一部」、「突端」しか示さず、その他大部分を「故意」に無視するからだ。だが、適切な極論は、ものごとの「中心部《センター》」を、「最重要部分」いわゆる「本質《エッセンス》」（essense）を指し示すことができる。

だから、○△を「丸ごと」好きとか、「全部」素敵《ビューティフル》というのは、「極」を、したがって最重要部分＝本質を見ることのできない人の意見、あるいは見ようとしない憶測、いい加減な推測だ、と思っていい理由になる。

たとえばだ。「日本人とは何か?」と問われたら、どう答えるか?
最も単純には、「日本人（Japanese）とは日本語（Japanese）を話す人のことである。」と答えるしかない。日本人と日本語は同語である。ただしここからは難しい。「英語を話す人は英国人か?」というと、そうはいかない。

歴史的かつ地球規模でいえば、「英語」（English）も、もともとは「日本語」と同じように、「地方語」、極論すれば「方言」にすぎなかった。だが19世紀、「大英帝国」が、世界＝五大陸に国旗（ユニオンジャック）を立てる覇権国、パックス・ブリタニカが生まれた。植民地（インド、アメリカ、オーストラリア、エジプトや南アフリカ等）で「英語」を公用語にする。さらに英語を公用語としたアメリカ（合衆国）が、20世紀に世界の政治経済文化等の覇権を握り、20世紀末にコンピュータ・ネット社会（グローバルワン）を先導した。「英語」（＝米語）が「世界標準」の地位を維持・確立した。

いうまでもないが、ほとんどが日本語を日常語とする日本人と、したがって「日本人＝日本語を話す人」のように、英語・アメリカ語を話す人が「アメリカ合衆国人」（American）ではないのだ。

0・1 「読書」は、「本」を「読む」ことか？

極論を続ける。

「人間の本質は何か？」「言語をもつ存在である。」だ。

人間の本質、人間が他の生物と根本的に異なるのは、「直立二足歩行」、「道具製作」、「一夫一婦制の家族」その他諸々を挙げることができる。しかし、きれいさっぱり、単純明快にいうと、「コトバ」を使うかどうか、である。人間と霊長類（チンパンジーやゴリラ）＝「前＝非・人間」との「境界線」は、「コトバ」をもつ（使う）かどうかにある。

わたしたちは、「読書」（reading）というと、すぐに「本」を「読む」に結びつける。だが、「read」の原義は、「相談・忠告する」で、「コトバ」によるコミュニケーションのことだ。「よむ」は、「本」だけでなく、あらゆるものを対象にする、ということをまず頭の隅においてほしい。

イギリスの哲学者、トーマス・ホッブズ（1588〜1679）は、「読書は世界を読むことに等しい。」と述べた。同時に、世界中を旅行し、多くの人に会い、生活をともにし、喜びや悲しみを味わうような経験をすることは、「本」を読むことに優る、と述べているのだ。『なんでも見てやろう』（小田実　1961）や『書を捨てよ、町へ出よう』（寺山修司　1967）とつながる世界だ。

しかし同時に、ホッブズは、一人の人間が「体験」できる世界は限られている。どんなに体験の広大かつ深さを誇っても、ほんの「局部」にすぎない。だから、人は「書物」のなかでそれを学ぶ他ないといっているのだ。「書物」という形で残された世界は、広大かつ無辺である。有史以来の世界は、「本のなかに人類の遺産が（ガラクタとともに）ほとんど含まれているに等しい。」といっても過言ではない。

『聖書《バイブル》』とは、言葉からいえば、「神聖なる本」を意味するのではない。たんに『本《ビブリオ》』（book）の意にすぎない。司馬遷『史記』（前91頃）も「記録」（＝歴史）で、ま、「書かれたもの」と同じだ。つまり「本は私にすべてのことを教えてくれた」（谷沢永一）という人が現れても、なんら不思議ではない理由だ。

0・2　「読書」のない「生活」は、「人間らしさ」の放棄に等しい

わたし（鷲田）の生活の大部分は、基本的に、少年期からずっと「在宅」である。青年期からは「本」が主役で、わたしは「脇役」である。今も変わらない。

そんなわたしでも、合計九回ほど、「海外」、グアム、香港、ミャンマー、中近東からギリシア、ポーランドを経由して、地中海沿岸諸国を経巡り、そしてアメリカ合衆国を回ったことがある。レジャーではない。かなり中味の濃い「旅」（体験）だった。日本の中は、都道府県、足を踏み入れて酒を飲まなかった県はない。

仕事を抱えた「出張」は稀だが、旅行好きというのではない。

結婚まもなく、信州は野尻湖に一〇人ほどで「旅行」したことがある。一日で「目的」が終わり、他の人は金沢方面に足を伸ばそうということになった。わたしは単身で戻って、「なぜ⁉」、と妻を呆れさせたことがあった。もっとも単身の旅では、車を含めると、かなり動き回っているほうではないだろうか。それにこの三〇年余、上京は年四回、毎週一回程度は街（ススキノ）に出てきた。旅行は、結果として、「本」との生活を逃れるためでもある。

わたしが「本」のなかでする「旅」と、実物の旅との「濃度」を比較すると、一〇対一、否、一〇〇対一にすぎないのではないだろうか。よく「刑事は現場一〇〇回！」というセリフをTVドラマで聴く。わたしの「旅」は、たんに書物の旅の「現場固め」の一つにすぎない、とも思える。

ただし「本」を読まなくても、人は読書をしてきた。『聖書』は世界で最も発行部数の多い「本」だそうだが、一〇〇年前はおろか現在でも、『聖書』(本)そのものを読む人は稀で、わたしが訪れた日本内・外のカソリック教会で出会う人の多くは、壁や天井に描かれたキリストの生涯を見て、あるいは、柱に飾られた聖者像《イコン》に触れ、信仰心を固める「証」にしている。偶像崇拝を禁じるイスラム教では、聖地へ向かって礼拝することで、『旧約』や『コーラン』を読むのに代える。これは仏教でも同じで、「マニ車」のガラガラポンや「南無阿弥陀仏」の念仏で読経に代える。

0・3 「読書」は人間の「特性」であり、人間を「養う」基本コースだ

言語能力、それは人間だけに備わる才能《タレント》である。読書、それは人間の特性、人間だけに備わった能力《アクション》である。極論すれば、読書をしないということは、人間の「本質」に欠けるところがある、という証でもある。

「本」を読まないのは、「活字」嫌いにすぎない。生の現実とつきあうほうが人間的だ。私は体育系である、という人がいる。しかし誤解してもらっては困るが、「体育」(physical culture = 体操 = 体教育)は非・反教養の一種ではなく、教養(culture = 情操 = 心教育)

なのだ。心身を育てる、これが「教養」の本義である。「読書なんて?!」という人は、「教養」(culture)に、もとより体育にも欠けるところがある、ということなのだ。極論を張れば、「サル」に近い。

いうまでもなく、「教養《カルチャー》」とは、人間を養う・耕す(cultivate)ことである。「教育」であり、「文化」である。「人間性」の練磨(culture)なのだ。その主力は、つねに「コトバ」である。エッ。「体」を養う・鍛える《トレーニング》ことをなおざりにするのか? 「知育」に偏しすぎているのではないか? 「感性育」や「徳育」、「体育」を軽視するに等しいではないか、と反論されるかも知れない。そうではない。

「コトバ」はさまざまな表現方法をもつ。「沈黙」もコトバだ。「沈黙は金である。」独話《モノローグ》があり、合唱《コーラス》がある。手足をはじめ、体で表現する。ボディ・ランゲイジだ。「目は口ほどに物をいう。」というではないか。粘土板に刻む、竹や木の冊に記す、紙に筆す・印刷する、あるいは画面《ディスプレイ》に印す、つまりは「本」(文字)を読む、だ。絵画で、音楽で、読み、感じとる。

絵画や音楽や舞踏は、言語(文字)で表現できないものを伝える、といわれる。だが、絵でも音でも舞でも、それを言語で表現できて、はじめてその精髄《エキス》(essence)に触れることができる、ということもできるのだ。

「コトバ」の表現本性は、区別すること（差異 difference）にある。区別の（でき）ないものを区別する、と言い換えてもいい。厳密な意味で、これが「白」そのものだ、という「白色」はあるだろうか？　赤色と白色をならべ、そのグラデーション（gradation=段階的変化）のどこに、赤と白の「境」があるのか、を決めることができるだろうか？厳密さを誇ろうとすれば、「白」とは、「赤」ではない、「青」ではない、「黒」ではない、「……」ではない、ということになる。「境界」を画する、判別できないものを割る（=判断する）、これがコトバの活動である。

「コトバ」をうまく使えない、コトバによって養われることがないと、漠然とものを見たり、感じたりするだけで終わる。何を食べても、「うま！」あるいは「まず！」、「くさ！」と発するなどはその一例だ。これでは、たとえていえば、ウマ並み、ウシ並み（以下）だろう。

「教養」（人間を養う=人間になる）ためには、「本」を読まなければならない、最大理由だ。

1 読んだ本は「全部」忘れてもいい

1・0 本を読むとは何だ？

本

「門前の小僧習わぬお経を読む。」と「師の芸を盗む。」は、真逆のように思える。前者は受動的、後者は能動的だ。だが、ともに「見よう見まね」＝「真似び」＝「学び」であることにちがいはない。「まる暗記＝模倣《コピイ》」である。

評論家の山本七平（1920〜91）は、すでに少年期に、聖書と論語を（ほとんど）まる暗記した、と記している。山本だけではない。「師」の内村鑑三（1861〜1930）も、聖書と論語（孔子）を自家薬籠中のものに（master）していた。この洋の東西を分かつ二冊の本に習う（＝倣う）のは、なにも二人だけの特性ではない。明治や大正生まれの「教養」の見本であったといっていい。ただし、「論語読みの論語知らず。」も多かった。「聖書読みの聖書知らず。」も例外ではなかった。つまりは「棒暗記」の類である。「暗記」(memory work)を非難したいのではない。「知」の大部分は「記憶《メモリィ》」として蓄積され、再利用される。「本」とは、素気なくいえば、「素材」すなわち何に書かれるかは別として、記憶の「体外装置」なのだ。人は、自分の「脳内」(記憶の体内装置)に記憶できないものを、「脳外」に溜める(プールする)。石、レンガ、木片、紙等々、記憶装置は雑多だが、その主力は、二〇〇〇年来、ずっと「紙」(paper)だった。紙の集積＝「本＝冊」である。

記憶《メモリィ》装置

ところが、20世紀に、人類史、とりわけ人類の知的歴史をひっくり返す、一大変化が生じた。わたしたちはその「大転換」期を生きているのだ。まず、このことを銘記してほしい。

一九七〇年以降に生まれた人の多くは、魚が水の中を泳ぐように、この新潮流のなかをらくらくと泳いでいる。戦中(1942年)に生まれたわたしなどは、遅ればせながら、この大転換期の「尻尾」にようやくとりつくことはできたが、すでにして息も切れ切れである。

新型の「記憶装置」が登場した。データ・命令などの情報を、記憶し、必要に応じて随時、瞬時に、量の大小を問わず、取り出すことができるようにした、電子計算機＝コンピュータ装置《メモリィ》である。

この記憶装置の「情報量」は、理論的には、無限大まで拡充可能である。たとえば、大英博物館から分離独立した大英図書館は、現在（21世紀はじめ）、八〇〇万冊を優に超える（紙の）蔵書をもち、書架を横に並べると一四〇キロメータになるといわれる。だが、その蔵書を電子化《デジタル》すれば、USBメモリィ一本に収納可能になる。

つまり20世紀後半に実用化された「電子書《デジタル・ブック》」は、「記憶」そのものの概念を変えた、といっていい。極端にいえば、つまりは「理論」的にいえば、「記憶」でより重要なのは、「外部装置」の充実だということになった。脳＝内部装置で問われるのは、「索引《インデックス》」力、必要なものを外部装置から「引き出す」能力である、ということになる。

マイ索引

特に重要なのは、「今ここでわたしが必要とする情報」を「わたしの外部装置」から適切に「引き出す能力（脳力）」なのだ。もちろん、辞書やデジタル図書、その他さまざまな文献も不可欠だ。しかし、それらを参照《レファー》するためには、何が、そのどの点が必要なのか、を感知・覚知していなければならない。マイ・センサー（脳）が的確かつ鋭利でなければならない。

とりわけ有効なのは、情報収集したものを、外部装置にメモし、利用・再利用することだ。わたしの経験でいえば、自分が読み・書きしたものを、外部装置にメモし、自在に利用・再利用（＝引用）することだ。

たとえば、「方法論」である。

読書万般に通じるような「方法論」などはない。これがわたしの考え方（方法《マナー》）だ。だが、マルクス（主義）の方法論＝哲学は、「弁証法的唯物論と史的唯物論」である。それは『ソ連共産党小史』（１９３８）第四章に、スターリンが書いた（とされる）文書で、すでに「提示」されている。それを、読み、理解し、活用せよ。「暗唱」せよ。「拳拳服膺《けんけんふくよう》」せよ。終わり。

これが一九五〇年代まで、知識人層においても、おおいに通用した。この「方法論」を「鵜呑み」にせず、異議を唱えると、反共・反党・腐敗=ブルジョア分子である、と攻撃された。ことはマルクス主義関連にかかわらない。文学畑でも同じで、伊藤整の『氾濫』（1958）などは、売れる作家が書いた（ので）「大衆（が読む）小説」、性が「氾濫」するエロ小説、とジャンル分けされた。おそまつな文学「鑑賞」の方法論だが、こちらはなかなか手強い。

ようやく三〇代のなかばだった。万般に通じる「方法論」（哲学）などない、と覚ることができた。でも「わたしの流儀《マイ・ウェイ》」程度のものはないだろうか、と探していたときだ。「文学研究に体系も方法論もあり得ない」と喝破した、谷沢永一『牙ある蟻』（1978）にであった。

《文学研究は技術をもってする作業なのだ。文学研究の精髄は技術なのだ。自然科学も人文科学も、技術の行使であることに変わりはない。対象の差に応じて、用いる技術に違いがあるだけだ。…………。文学研究の技術は、博覧と精査によってしか身につけ得ないのに、技術とは別個な念力競べを妄想する怠慢が、方法論や体系などという架空の大樹の陰に憩う。》（41）

これはどんな「研究」にも通じる提言だ。「技術」だ。それを磨くには、「博覧」（well-read）と「精査」（close examination）、広く、深くものごとを見・知ること、これ以外にない、といっている。

ただし、21世紀である。20世紀までとちがって、比較すれば、内部装置の記憶より、外部装置の記憶のほうが、圧倒的に大きくなった。しかも、外部装置のメモリーを超速で検索・活用可能になった。問題は、「記憶量」ではなく「記憶索引力《センサー》」になったということだ。

たとえば、「方法論」とあれば、すぐに、『牙ある蟻』の「引用箇所」をすらすらと再現する暗記力ではなく、同書のその箇所にたどり着く「勘《センス》」（＝「短絡」力）、とりわけ「索引」力である。記憶力の「種別」が変わったのだ。

1・1　読んだ本は「全部」忘れたほうがいい

司馬遼太郎「伝説」

司馬遼太郎にはいくつかの「伝説」がある。あくまでも伝説である。真偽のほどはわからない。が、真っ赤な嘘のような話であるとともに、わたしには核心を射ぬいている話としか思えない。

1　少年期、授業に出ず、大阪の市立（御蔵跡）図書館に通い、全冊読破した。

2　大阪外大の蒙古語科に入り、「辞書」なしでモンゴル語を習得し、「辞書」をもたずに小説を、それも『梟の城』を書いた。

3　読む速度が想像を絶した。速度は、見開き二頁を写真機のシャッターを切る速さで読み（とり）、およそ一冊を一五分以内で読み終わり、しかもその内容の核心を語ることができた。

4　ほとんどノートもメモをとらず、「記憶」だけで、あの膨大な量のしかも複雑な歴史小説をすらすらと書いた。

「おそらく」、などとわたしがいうのもおこがましいが、歴代の日本人で最も多くの書を読んだのは、司馬遼太郎ではなかろうか。もう一人わたしが知っているかぎりでは、谷沢永一だろう。その谷沢がこれまたとんでもない記憶力の人であった。あるとき、「読んだ本を忘れることができない。〔脳内に〕溜まりすぎて、出て行かず、ストレスが溜まり、鬱が嵩じる。」

というようなことを漏らした。読み過ぎ、記憶しすぎて、もはや読めない、書けない、頭が受けつけない、という最大スランプ（最長鬱病）のときであった。ただし、話す（出す）ほうは支障なかった。この期間、谷沢は、「語り下ろし」と「対論」で凌いだ。

「忘れる」能力

だが、司馬も、そして谷沢も、特大の記憶力の持ち主だが、むしろ驚くべきは、忘れることの「名人」といっていいのではないだろうか。わたしにはそう思える。

司馬と同じように、「写真機」のような複写（再現＝記憶）力をもった人をもう一人知っている。弁護士である。ただし、この人、再現したものをきれいさっぱり忘れることもできる。まるでフィルムを抜くと、真っ白、それで終わり、というようなのだ。

対して司馬の場合、フィルムが消えても、いわば「写真」に類するものが残る。書いたもの、膨大な小説、エッセイ、紀行文等々である。くわえてＤＶＤ（映像）だ。いつまでも残り、いつでも再現可能になる作品群だ。

司馬が、驚くべき記憶力を発揮できたのは、写真機のような複写能力をもっていたからではないだろう。驚くべきは、その「記憶」（＝複写）力を、「創作」（＝生産）力に転化できたことにある（のではないだろうか）。

司馬は、一九五九年、文壇デビュー作『梟の城』を書きあげ、六〇年直木賞をえて以降、一九九六年の死までおよそ三五年、一度もスランプ期をもたずに、書きそして書き続けることができたのは、文才があったからだが、読んで、書いて、読んだものを忘れることをやめなかったからである（と思える）。

谷沢も、膨大な作品（生産物）を残した。しかし、その膨大な「脳内蓄積物」（記憶量）を作品に十分転化（消化）することはできなかった（のではないだろうか）。ゆえに、インプットとアウトプットのバランスがとれず、鬱（未消化物）が嵩じた。そう、わたしには、思える。

忘れる理由

長いあいだ教師をやってきた。ときに、ゼミ生に「どんな本が好きか?」と聞くことがあった。一冊、多くて数冊あげる子が、たまにいた。「どんなところがよかったか?」と聞くと、ほとんどは「憶えていない。忘れた。」と答える。それほどに「本」は（わたしのゼミ生には）読まれない。

じゃあ、学生は本を読まないのか? まったくそんなことはない。「憶える」ほどには読まない、といいたくなるが、正確には、「本」を買わない（ような）のだ。「新聞」を読まないのではなく、新聞を買って読まないのである。よく聞くと、買いたいものが本以外にある、というのだ。紙の新聞（さらには「本」）は読まないが、スマホやパソコン等で、Ｗｅｂ（サービス）版を、必要があれば「読む」（「見る」）そうだ。

わたしは、新聞はいまでも中央新聞と地方新聞を一紙ずつとっている。といっても、おもに数百万部の発行数だ。その他はウェブ版で済ませている。多くは「速報」版だ。そして、新聞記事は「すぐ」忘れる。なぜか？　「再読」しない、する必要を感じないからだ。時局的な連載コラムを新聞や雑誌に書いていたときは、一週間分の新聞紙（五〜六紙）を、処分できなかった。重要不可欠と思える記事は、切り抜きした。「仕事」に必要だ、と考えたからだ。しかし、コラムを書いてしまったら、新聞本体も、切り抜きも、すべて処分し、すっかり忘れた。コラム自体も、その内容はほとんど忘れた。

「忘れる。記憶にない。」は、よく解釈すれば、読んでも、「利用」しなかったからだ。学生は「試験」に、ビジネスマンは「仕事」に必要でなかったからだ。さらにいうと、試験や仕事に必要ないものは、読まない。必要なものでも、読んで使ったら、よほど重要でなければ、あっさり忘れる。

わたしもそうだった。大学に入るまで、まともな読書はしたことがなかった、と思ってきた。本箱には、教科書と受験参考書しかなかった（ように思える）。しかし、四〇代、少年期の「読書」について書かなければならなくなったとき、にわかに思い起こしたのだ。中学のとき、ドストエフスキー（1821~81）『罪と罰』（1866）を読んだ。読んだだけではない。この本の「内容」を忘れることができず、「忘れる」ために、二〇代の半ばまで苦しんだのだ。それをすっかり忘れていたのだから、われながら驚きであった。が、ホッともした。忘れたいこと、忘れてもいいことを、忘れることができたからだ。（この理由は拙著『シニアのための「反」読書論』〔文芸社　2015〕にくわしく書いた。）

1・2　読んだ本を「全部」忘れるのは不可能だ

忘れる本

「忘れる本」は、「忘れてもいい本」だ。ひとまずこういいたい。

わたしの妻は、「眠り薬」の代わりに「本」を読む。もちろんわたしが書いた本は、読まない。「あなたが亡くなってからゆっくり読む。」という。ちょっと寂しい気もするが、これには助かる。プライベイトなことに触れることを書いても、支障が生じない。なにせ、読まれないのだから。

妻がベッドで読む本は、そのほとんどすべてが「小説」である。「眠り薬」のためだから、「消灯」は早い。ときに、スタンドを点けたまま寝ていることがある。読んでも、全部、忘れるそうだ。読んで、忘れることができないほど面白く、眠れなくなったら、読書の目的に反するのだから、当然といえば、当然だろう。

妻が読む本は、ほとんどわたしが読んだことのない本である。「好み」が違うからで、意識してそうしているわけではないだろう（と思いたい）。何冊か、否、数一〇冊になるだろうか、偶然、同じ本を読むケースがある。別々に買って、関係なく読むのだ。ただし、二人が、共通の本について語り合うことはない。なにせ、妻はきれいさっぱり忘れた、と言明するからだ。わたしのほうは、たとえば、宮本美智子（1945〜97）『世にも美しいダイエット』（1994）を妻の本置き場から抜き出して、仕事で使い、宮本の他の本とともに、自分の蔵書に加えてしまった、というケースはある。

その他に、妻は、クッキング、健康、農耕、動植物図鑑、それに税金関連等々、の本や雑誌をひっきりなしに買って、黙々と（?・）読んでいる。「家事」（work）全般に関連するもので、「忘れてはならじ」と、膨大なノートとメモをとっている。ノート類は、貴重品と思えるが、忘れるのか、忘れがたいのか、を問い質したことはない。

一般論でいえば、ノートやメモをとると、それを利用してしまえば、きれいさっぱり忘れてしまう。妻もそうなのではないだろうか。わたしも、卒論や論文を書くために、はじめは膨大(?)なノートやメモをとったが、ほとんどは読まなかったし、メモも多すぎて活用できなかった。過ぎたるは及ばざるがごとしだ。

忘れていい「本」

学生が「読んだが、忘れた。」という本(作品)は、ほとんどきまって「教科書」等に出てきた作品で、教科書で読んだ(だけの)本だ。これは、わたしにとって、納得できる。

わたしの経験則にすぎないが、教科書で読まされた作品は、きれいさっぱり忘れる。というか、どんなに名作でも、学校で教わると、面白くないのだ。まるごと忘れたいのだ。もちろん、教科書に載った作品でも、のちに「単行本」を買って、耽読した本はある。面白みがまったく違う。

こんな経験があった。大学一年の時、ゼミ形式の「国文」の授業にでた。そのころ、国文科にでも進もうかな、という(浅はかな)希望をもっていた。わたしが、「講読」(現代語訳）に指定されたテキストは、源氏物語の宇治十帖である。匂宮が暗闇のなか浮舟を襲う切所とでもいうべき場面だ。わたしは淡々と逐語訳していった。でも、先生はストップをかけられた。女子ばかりということもあったが、名にし負う「強姦」（？）に等しい場面だ。源氏物語の精髄は、「色好み」であり、同時に「反省の書」である。これが頭でっかちの時期にわたしが折口信夫から学んだ「哲学」である。たんなる反省ではないのだ。「好色」があっての「反省」である。宇治十帖で、（現在でいえば性被害に遭った）浮舟は、悔いて、「出家」までする。

ま、「学校」の授業だから、仕方がない。林和比古先生は好ましい人であり、研究者だったが、国文に進む気が失せた瞬間だった。

実をいうと、間違っていたのは、わたしのほうである。「小説」でしか書けないことを、平然と平場のそれも明るい昼間の教室で、女性集団を前にして論じることは、小説を読んで楽しむこととは真逆の行為だったからだ。

忘れるべき本

学校で読む本、読んでもいい本と逆の本がある。

一九四〇年代だ。21世紀の現在と多少（あるいは根本で）違うが、「漫画」であり、「大人」の本だった。わたしの場合、漫画は、どんな種類でも、母に見つかれば、根こそぎ、風呂の薪にされた。大人の本は、父が講読していた月刊誌をこそっと（隠し）戸袋から盗み出し、読みふけった。この二ジャンルは、「忘れなければならない」本だった。（もっとも、一九六〇年代まで、漫画も大人の雑誌も、「本」の部類には入れられていなかったが。）

ところが漫画や大人の本で知った作品や登場人物は、「読む」ことを禁じられていたせいか、忘れることができなかった。ストーリーは忘れても、なかみのエキスは心に残った。それにわたしの「歴史」（？）知識は、漫画からはじまった。武内つなよし『赤胴鈴之助』（「少年画報」）で鈴之助の先生の北辰一刀流千葉周作を知り、高野よしてる『木刀くん』（「冒険王」）で、木刀くんのモデルが幕末から明治期にかけて活躍した山岡鉄舟だと思い、子ども心にいろいろ調べたが、わからずに終わった。でも木刀君と清水次郎長の関係など、一五代将軍慶喜の関係も絡んで、いまでも興味深く思い出す。

『面白倶楽部』（光文社）や『講談倶楽部』（講談社）は、商家育ちで（知的＝痴的？）娯楽を知らないわたしの、唯一の楽しみだった（かも知れない）。子どもには読ませたくない本だが、この雑誌で横溝正史の「読み切り小説」を、わけのわかった振りをして読んだ。ただし、田舎では、父母はもちろん、友だちにはいえない類の「禁書」と思えた。まさに忘れるべき本（作品）だが、忘れることのできない本になった。

1・3　すべての本は3行に要約できる

難解な本

わたしが読んだなかで最も難しかった本は、ドイツの哲学者カント（1724〜1804）の『純粋理性批判』（1781）である。ドイツ人でも理解は難しい（だろう）と確言できる。なぜか？

1　「ドイツ語」で書かれているが、現代ドイツ語ではない。しかもドイツ語になっていない（文法を外れた）ところがある。カントは、はじめてドイツ語で哲学論文を書いた一人であった、という歴史事情もある。もちろん、天野貞祐訳をはじめ、日本語訳で読んでも、難しい。というか、邦訳で読んだらいっそう難しくなる部分がたくさんある。

2　厚い。岩波文庫で全三巻ある。しかも、一文が異常に長い。もちろん、哲学専門語があり、カント独特の「造語」がある。

3　ドイツ語ができるひとが、この本一冊を熟読玩味すれば、おのずとそのいわんとするところが明らかになる、という類のものではない。（わたしが出た講座の主任教授は、卒論指導で、わたしを前に、原書を三回読めば、おのずと卒論のテーマが現れてくる、卒論を書くことができる、といわれた。ノートをとりながら、一回半しか読むことができなかった。それゆえか、書いてあることが判然としなかった。もちろん、この本は理解不能な本ではないが、わたしにはまったく歯が立たない感じだった。）

とりあえずこの三つだけあげておこう。

対して、ヴィトゲンシュタイン（1889〜1951）の『論理哲学論考』（1922）は、けっして生やさしい本ではない。難解中の難解な本といってもいいだろう。だが、「世界」をまず七要素＝命題で示す。ついで、順次、七要素を「分割」要約してゆく。この記述方法（段取り）によって、多くの人がこの本に「接近」できるようになっている。

難解な本とは、理解不能なことを書いてある本ではない。難解かつ理解可能な本は、理解可能なことと理解不能なこととの「境界」を示す努力に満ちている本である、とわたしには思える。

理解可能な本

文章が明確で、構成がきっちりしていれば、多少長くても、ときに長すぎると思えても、理解可能だ。少なくとも接近《アプローチ》可能だ。

ドイツの哲学者ヘーゲル（1770〜1831）も、最初の主著『精神現象論』（1806）という難解な本を書いた。ヘーゲルを推していた、当時最高の知性とうたわれたゲーテでさえ、ちんぷんかんぷんだといった本だ。

しかしそのヘーゲルの最後の主著『法の哲学』（1821）は、読みやすい。というか、わたしでも読むことができた。理由がある。

1　この本は「要綱」（根本事項）集で、一要綱（一節）が短い。

2　といっても全三六〇節ある。だが全体の構成（構造）がかっちりしている。

序→緒論、1部（1章〔A・B・C〕→2章〔同〕→3章〔同〕）
2部（1章〔A・B・C〕→2章〔同〕→3章〔同〕）
3部（1章〔A・B・C〕→2章〔同〕→3章〔同〕）

三部三章三節構成で、部分と全体がいつも見透し可能になっている。途中で迷うことはない。

3　はじめてドイツ語で哲学論文を書いたカントとは違って、ヘーゲルはドイツ哲学黄金期の筆者である。その文章は、カントと比べると、はるかになめらかで、その全体を見通して、着実に進むことが可能であった。まるで人跡未踏ならないロッキー（山脈）から抜け出、前方遙かなプレーリー（平原）をゆく感に満たされるのだった。
理解可能な本とは、誰にでも・すぐにわかるという類の、やさしいことが書いてある本とはかぎらない。全体が見通せて、進む道がはっきりしていて、各部分が簡潔で、結論までたどり着くことが可能な本のことだ。

三行に要約

どんな本（book）でも、どんな事柄（thing）でも、三行に要約できる。これがヘーゲル哲学の要石である。そして、三五歳でその書に出会った、わが師、谷沢永一の口癖でもあった。たった三行である。そんな無茶な、と思うだろう。しかし、私は戸惑わなかった。

その谷沢永一が実例で示したのが、書物コラム集『紙つぶて』である。一九六九年から一九八三年まで足かけ一五年、一篇六〇〇字弱、全四五五篇を、三行に要約して、書いた。「三行に要約」は、何も谷沢の独創ではない。古今東西、ものを考える達人は、揃って、三要約＝三分割で考え、書いた、といっていい。

この「三要約＝三分割」法の一つが、弁証法（dialectic）である。弁証法といわれると、対象を三段階「正↓反↓合」でとらえる「矛盾」の論理で、ヘーゲル哲学に特有の思考法であると思われるだろう。一見して、「高級」そうだ。取っつきにくい。だが、「自己弁証」とは、自分の正しさを弁論することで、つまりは『自己弁護』である。

「自己弁護」から、「自己」をとれば、弁護術である。何も弁護士に限らない。誰でも使っている、問答術、説得術、弁論術のことなのだ。ときに「詭弁」（を弄する）などともいわれる。（詳しくは拙著『できるヤツは3分割で考える』〔すばる舎　2004〕を参照されたい。）

また谷沢永一は、厚い本ほど情報量が少ない、と断じた。あれも・これも書いてある本は、肝心なことをほとんど書いていないか、たとえ書いてあっても、然《しか》とは（clear）わからない。隠れていて、見つけることが難しい。

わたしは、どんなに厚い本を書いても、谷沢の、否、大げさにいえば、孔子やプラトン、スピノザやヘーゲルの「遺訓」を守って、全体の設計図（contents＝目次）を明示し、部・章・節に分かち、最終単位（節や項目）を短く明確に書くようにしている。ま、あけすけで、含みが少ない、滋味に欠ける、と難じられるが。

この三行（要約）部分は、書いてある中身をどれほど忘れても、けっして忘れることはできない（だろう）。忘れてはならない部分だ。

2　読書家は仕事ができる

2・0　読書と仕事の相関関係

読書と仕事

わたしも読書論（法）を何冊か書いてきた。経験則に照らすと、読書量（＋質）と仕事量（＋質）には相関関係がある、と考える。さらにいうと、どんな肉体中心、実践中心の仕事にも、書物は役に立つ、と思える。とりわけ「いい本」を読むことが「いい仕事」をすることにつながる、と確信している。しかしだ。ここでは極論はまずい、といいたい。

「将来の学力は10歳までの『読書量』で決まる！」、

「本は10冊同時に読め！　本を読まない人はサルである！　生き方に差がつく『超並列』読書術」、

「頭のいい人だけが知っている　お金を稼ぐ読書術」

などという書名（キャッチフレーズ）には、やはり頭を傾げてしまわざるをえない。

「わたしのとは違う！」と叫びたくなる。

幼童期から「読書」を愛し、それが生涯変わることがない人は稀である。読書（量）が、その人生にも、その仕事（量）にも、決定的な影響を与えた、と考えていい人はもっと少ないのではないだろうか。

むしろ、本を読んだのは、幼童期、親が与えたからだ。少年期、学校で課されたからだ。たしかに、大学時代には少量ながら読んだが、就職し、家庭をもつと、読書どころではなくなる。だいいち、そんな暇はない。退職後、暇ができ、余裕があったら、本でも買って読書してみよう。

こういう人が過半を占めるのではないだろうか。

それでも、わたしの経験にかぎっていえば、一九六〇年代まで、「本」が、「本棚」があるのは、ましてや書斎がある家庭は、極少数派だった。わたしの田舎では出会うことはなかった。

今も昔も、読書と仕事には深い繋がりがある、と確信できる。そうでなくては、明治初期、福沢諭吉『学問のすゝめ』が「実売」（偽版＝海賊版を含む）百万部以上だった理由がわからない。この本、第一に、「学問」（＝〈実学→実業〉＝仕事）の「すすめ」なのだ。

読書力と仕事力

福沢諭吉は、「学ばない」と、学んだことを仕事で生かさないと、プアになる、すなわち、愚・賤・貧（failure）になるといい、そうならないためのハウ・ツウ（how-to）本を各種書いた。それが売れ、読まれた。だれもが賢・貴・富（success）になろうとしたからだ。ただし、

「サルは本を読まない！」（＝「人間だけが本を読む！」）これは正しい。しかしこの逆、「本を読まない人はサルだ！」は正しくない。正確にいうと、これは「比喩《たとえ》」にすぎない。

どんな仕事に携わる場合でも、直接、本を読む読まないにかかわらず、「本」から（も）

学ぶ。今も昔も、学校の先生は、「本」（教科書）を教える人のことだ。なるほど、美術や体育の「実技」には、（生徒が手にする）教科書はない。だが先生（教師）には「指導要領」（the official guidelines for schoolteaching）がある。教師用の「テキスト」（虎の巻＝速習教本）もある。

この事情は、教師（＝指導者）がいるいないにかかわらず、テキストがあるないにかかわらず、どんな仕事場（place; shop; office; site; yard; study）でも同じだろう。

一九六〇年代のことだ。ＴＶの視聴率を調査する、できたばかりの会社「ビデオリサーチ」（今もある）でアルバイトしていたことがある。居残り（有志）が、教師（大学教授）を招いて、コンピュータにかんする最新のテキスト（英文）を読んでいた。しんどそうというより、むしろ羨ましく思えた。

家庭（両親）からの離陸（takeoff）は学校（教師）から始まる。第一の旅だ。

学校（教師）からの離陸は読書（本）からはじまる。第二の旅だ。

読書（自学自習）で学校から自立しないと、学校をすんなり出ても、熟達した仕事人になることは難しい。読書なしには、「仕事」はいつまでもたんなる手段で、生きる本筋ではなく「金」のためにするもの、できるなら「なし」ですませたいもの、「疎外物」で終わる。

じつは、人生の全コースを想定すれば、ことほどさように、「読書」は重要ポイントを占めるのだ。

21世紀の読書

もはや「紙」の時代ではない。本を読む（＝読書）などはオールド・ファッションだ。世界遺産だ。骨董の世界だ。こういい、思っている人が多い（だろう）。しかしだ。

一九八〇年代のはじめでさえ、ワープロで打った「原稿」など、文学作品ではない。原稿用紙に、万年筆で書かなければ、読むに値しない。これが、文芸編集者の矜持《プライド》だといわんばかりであった。

ところが、九〇年代、あっというまにどこの出版社・編集者も、パソコン（ワープロ）文書でなければ受け取らない。フロッピーじゃあ、ダメだ。デジタル版で電送してほしい、となった。

わたしでさえ、九〇年代には、パソコンでメモ・ノートする。原稿を書く。書類・手紙・写真を処理する。21世紀の今では、何であれ、ペーパー（紙の文章）よりもモニター

（デジタル活字）で読んだほうが、明るく眼に楽だ。「文書」を読む量は、圧倒的にパソコンでが多くなった。何よりも自分が書いた文書は、全部、一台のパソコンに、一本のUSBメモリに入っている。いつでも、再読、再利用可能だ。

しかし形態は変わっても、「本」(book)を読む、のである。かつて「本」（活字）を読まなかった部類の人でも、「活字」を読む。媒体《メディア》が、パソコンからスマホに変わっても、活字を読むチャンスはますます増えている。まさにわたしたちは、老いも若きも、情報社会のまっただ中にいる。そこからは逃れえないのだ。

それに、「活字」を読めなければ、読まなければ、生き難い。最新《ニュー・モード》の仕事はおろか、従来型の仕事に就くチャンスがぐんと少なくなる。仕事についても、自力で情報をえるチャンスが少なくなり、まっとうにやってゆけない。飛行機も、ホテルも、レストランも、予約できない。それに酒場のありかさえわからない。

かつて、独立独歩といわれた。裸一貫、やる気さえあれば、「包丁一本、さらしに巻いて」である。しかし、情報社会である。その情報を、自力・他力のいかんにかかわらず、確保する電子媒体がなければ、土俵に上がることさえままならない。そしてその媒体は「活字」なしには成り立たない。

今や、新聞、ラジオ、TVという媒体がなくても、スマートフォンさえあれば、代替可能で、OKという時代なのである。（もっとも、わたしは新聞、ラジオ、TVを捨てることはできないが。）

ただし、ここで強調しなければならないのは、紙の歴史遺産は消えることはない。まだほんの少ししかデジタル化されていないからだ。デジタル化されても、「紙」の活字は、残る。「原本」としてか？　それもある。だが、電力のない、デジタルが通用しない時・空は、永遠に残る。そこで、紙の本はむしろ貴重になる。

2・1　読書家のほとんどは仕事ができない

読書人

「読書人」とは、〈よく書物を読む人。読書を好む人。特に中国で、学問をつみ、科挙をうけて官になった、あるいはなろうとする階層の人々。士大夫。ひいて知識人、学者。〉（日本国語大辞典）とある。「教養人」で、ひいては「専門家」（specialist）ではなく、器用人あるいは万能人（almighty）のことだ。

似た言葉に「君子」がある。〈すぐれた教養と高い徳をそなえた人格者。「聖人──」〉（明鏡国語辞典）の意だ。君子に対するのは、「小人《しょうじん》」であり「職人」（artisan）である。

孔子やプラトンは、読書人＝君子だ。菅原道真は学者の出で、文章博士《もんじょうはかせ》（今でいうと東大学長）になり、教養と徳を備え、右大臣（副首相）まで登った。

ただし、つい最近まで、読書・教養階級は極少数派であった。稀種《エリート》である。江戸期、日本人の過半は文字を読み書きできるようになったといわれたが、読書をする人は、それを嗜《たし な》む人は、稀だった。

読書が「大衆」に近づいた潮目は、大正末期から昭和初期にかけ、雑誌『キング』（講談社）が百万部を喧伝し、「円本」（改造社『現代日本文学全集』）が五〇万部を超える予約をえたときであった。

しかしそれでも、「読書」階級は一部だった。一九六〇年代、わたしが大学生のとき、大学進学率は一割で、そのうちの一割程度も読書に関心をもっていなかった、といえるだろう。このころ、読書大衆の標準《スタンダード》は『岩波新書』と『中公新書』を手にしていた。

じつは、勤労大衆《サラリーマン》が「読書」を、稀にから、たまに、そして時々、ついにはしばしば「する」ようになったのは、一九八〇年代からなのだ。その象徴が「カッパビジネス」（光文社）の山本七平『日本資本主義の精神』（1979）や小室直樹『ソビエト帝国の崩壊』

（１９８０）の登場であり、「ノンブック」（祥伝社）の「知的サラリーマンシリーズ」、長谷川慶太郎『80年代 経済の読み方』（１９８０）や日下公人『80年代 日本の読み方』（１９８０）等の登場であった。「知的でなければサラリーマンとはいえない」というキャッチフレーズが躍った。

これを潮目に、読書人の「定義」が変わった。わたしにはそう思えた。

そして忘れてはならないのは、この読書トレンドの変化は、情報＝コンピュータ社会の進展と踵《きびす》を接していたことである。

読書のための読書

だが、いうまでもないが、「読書」は、それが知的対象であるか、痴的対象であるか、その他諸々であるかの違いがあっても、人間だけに特有な「楽しみ」（pleasure; enjoyment; delight; amusement; happiness; joy; fun）に直結する。

「世界の文学」でトルストイの新訳『復活』（原卓也訳　中央公論社　１９６３）が出たときは、二晩寝ないで、読み耽ったことがある。他のことに気がゆかない。食事も我慢できる。とっかかりは、「新訳」じゃないか、長ったらしい『戦争と平和』では、退屈のあまり、投げ出してしまった。比較して、こちらは短い。そんな程度のことだった。五〇頁読むと、もう止めることができなくなった。「耽溺《たんでき》」だ。

岡田英弘（１９３１〜２０１７）『日本史の誕生』（弓立社　１９９４）を読んだときは、また違った。こちらは知的、主として学術的興味ではじまった。しかしそういう学的興味を超えて、岡田の著作をつぎつぎに読まされる羽目になった。その人間的誘引力が尋常ではない。岡田の著書をひと当たり巡るはめになった。

ただただ、「面白いから」という読書がある。わたしの場合は、暇があればＴＶの他に、「消費」というか、むしろ「浪費」とでもいうべき読書をしている。読書の醍醐味は「浪費」にある、というのがわたしの一念であるといっていい。

といっても、浪費の読書は、暇のあるときは、ありすぎるときは、むしろ起動しにくい。暇がないとき、寸暇を惜しんでする「読書」がなんともいい。それに読書上手は、ほとんどが「忙しい」人である。生半可な忙しさではない。

ただし、浪費からはじまった読書が、仕事に転じるケースがある。時代小説やミステリの書評を依頼され、ついには、その分野にかんする合計一〇冊余りの本を書くことになった。つまみ食いで読んだのがきっかけで、「定食」同然になり、それらについて書いて、評論集、書評集になる偶然も重なった。ついには福沢諭吉が主人公の時代小説（『福沢諭吉の事件簿』言視舎　全3冊）を書いてしまった。

読書のための読書こそ、読書の広い裾野を形成するもので、雑読であり、教養（humanity＝人間力）の基部になっていった。これがわたしのケースだ。

仕事のための読書

仕事に、「読書」が不可欠な時代になった。読書が不要な仕事は、いずれ不要になる仕事を意味する、と思っていい。

「マニュアル」（手引・便覧）程度を読めなければ、仕事に就くことも、就いても仕事をスムーズに進めることもできない。なにをするにも、読んで理解できなければ、まさに「サル」のように、いちいち鞭（を振るう人）の指示に従って動かなければならない。

マニュアル程度を、書き、説明できなければ、仕事で人を引っ張っていくことは難しい。もちろん、どれほどやる気があっても、その気になっても、鞭を振るうことはできない。振るうと、仕事自体が台無しになる。

しかし、マニュアルは、仕事の「手順」を示すことにすぎない。どんなに「詳細」に書いても、手引を用いる人（worker）の準備・能力次第なのだ。また、手引が詳しすぎると、手引にならない。だれもが、簡単スムーズに活用できる手引でなければならないからだ。

したがって、仕事の準備や能力を、各自が事前に身につけるようにトレーニングできていなければ、「仕事」にならない。自己訓練（自学自習）には、広い意味の「読書《よみかき》」が欠かせない。

たしかに小中学教育には、高等教育の内容は無関係だろう。だが小中等教育は、ある程度完結しているが、その多くは高等教育につながってゆくのだ。つながってゆくからこそ、「教育」（人間を開発＝人間の成長を促進）する教師の知的教養的（intellectual and cultural）レベルが、中学生レベルでいい、などということにはまったくならない。これは学校に限らない。

職場でも同じだ。こんなことがあった。

私設助手を雇った。知的雑事全般を処理してもらうためだ。読書も好きで、文章も書け、パソコン検定試験を通り、車の免許もある、という女子を採用した。パソコンは、いちおうこなせた。ただし、Ｗｅｂページの開設はできないという。車は、ペーパードライバーで、乗るのが怖い、という。できないより、したくない、が困る。

資格がある。これは重要だ。実地がもっと重要だ。それでも、間断なくペーパー上のトレーニングも必要だ。この車種は、知らない。乗れない。パソコンでも車でも、この機種ははじめてだ。手が付かない。その都度、いちいち独力で突破（自学自習）しようとしなかったら、仕事にならない。それに自力で「難事」を突破するには、新情報の獲得と習練、つまりは読書の力が不可欠になる。読書力は、自己訓練（自己陶冶＝教養）の最重要な要素なのだ。

2・2　読書家は読書時間がたっぷりある

有閑人

一九四二年、わたしは商家（雑貨商）に生まれた。家には、姉が汽車通で札幌の私立女子中学にゆくまで、本といえるような本は一冊もなかった。昼間、本などを読んでいるヤツは「穀潰《つぶ》し」（パラサイト）といわれた。当時、子どもも立派な労働力であった。

夜、たまに勉強していると、祖父は電気がもったいないといって、ドンドンと階段を上り、部屋に闖入、消しにかかった。わたしの家だけが特殊だったのではない。まわりはほとんど農家だったから、書架をもち、本を読む人は、まったく稀だった。読書は、サラリーマンで、よほど余裕がある人、暇人のものだったのだ。

敗戦後、「紙」不足だった。「紙」の本ならどんな本でも売れた（そうだ）。ただし、わたしの村では目撃したことがない。二軒隣に「藤元書店」があったが、書店とは名ばかりで、教科書と雑誌・漫画の販売が主で、岩波文庫はもちろん置いてなかった。

本を読むのは、読んでいいのは、「病人」だけではなかったろうか。もっとも、当時の病人には本など読む力（エネルギー）はなかっただろう。村には、まともな医者はいなかった。医院はあったが、薬がなかった。自癒力が頼りだが、「食べる」こと、「生きながらえる」ことで精一杯だった。「読書」など贅沢だったのだ。

もっとも、暇の有る人、ぶらぶらしている人はいた。なにせ、職・仕事のない時代だ。「有閑階級」とは「レジャー・クラス」のことだったが、わたしたちの目の前には、リッチ（有産）の人は稀で、プア（無産）の暇人だらけだった。もちろん、たっぷり時間があっても、読書をする人はいなかった。

暇があるから読書ができる

「時間」とは、考えれば考えるほど、奇妙な存在だ。

仕事に追われ、時間に追われ、締め切りに追われると、辛い。疲れが倍加する。ストレスに加圧がかかる。耐えられなくなり、何もかも放り出して、逃げだしたくなる。ところが、同じ量の仕事でも、自分から追い求め、時間と競争し、締め切りを追い詰めると、高揚する。いけいけドンドンで、疲れも吹っ飛ぶ。さあ、次もこい、という気力が湧き出てくる。

しかし、調子にまかせてがんがんいくと、おのずと勢いが過ぎる。正確には、あれもこれもに手をだして、あらぬ方向に向かってしまっている。後戻り困難なほどにだ。

ところが、毎日同じペースで、多少余裕をもって、はっきりしたゴールをめざして、ステップ・バイ・ステップで進むと、五年後の行程は、いけいけドンドンより、先に進んでいる結果になる場合が多い。

ただしさらに奇妙なのは、常にマイ・ペースだけだと、いけいけドンドンの時期が何回か挟まらないと、マイ・ペースはただの安全運転、平均人の平均ペースと同じになる。

読書も同じで、「暇ができたら読書でもしよう。」という人に、「読書に夢中」はやってこない。たんなる「暇つぶしの読書」にも出会うことはない（だろう）。

第一、読書には、多少にかかわらず、主として知的エネルギー、とりわけ集中力と持続力が必要だ。この点で、音楽や映像は、主として感覚的エネルギーの充実が必要だが、ときには聴きながら・観流しが可能である。第二は、これの裏返しだが、暇があれば、読書のような「気張り」などに向かわず、気晴らし・休めに向かう。これが自然ではないだろうか。

つまり「暇があるから読書はできない。」になるのだ。

忙しいから読書がしたい

「忙しい！」と口に出していえるくらいなら、まだ余裕が残っている。たいしたことはない。こういっていいのではないだろうか。

わたしの読書は、大学に入ってはじまった。それほどに、少年期、読書体験はなかった。そんなわたしにも、間欠泉のようではあったが、無性に本を読みたい瞬間があった。中間・期末試験の時だ。準備は終わっていない。試験日は切迫している。時間がどんなにあっても、足りない。そんなときだ。普段なら歯牙にもかけないような本が眼に入る。読みたくなる。姉が読んでいた大江健三郎『飼育』は、そんな時期に盗むようにして読んだのではなかったろうか。

大江の初期の小説は、少年にはきつすぎるテーマ（『戦争と性』）の本だ。緊張を強いる。しかしそんな本が読めたのは、読みたいと思って、読み通すことができたのは、時間に切迫し、緊張を強いられたときだったからだ。

三三歳でようやく定職にありつくことができた。ただし地方の市立短大で、給料が極端に低かった。でもいちおうは教育・研究職である。ありがたい。とはいえ非常勤講師等のアルバイトを辞めると、一家五人が飢え死に状態になる。それで、朝は六時の始発、夜は一二時の終電の毎日となった。「忙しい！」と口に出すと、体の結び目が解けてしまうのでは、と思えた。通勤時間は、行き帰り、四〜五時間である。これが、八年間、わたしの貴重な読書時間になった。おろそかにできない種類の本を読んだのではなかったろうか。

忙しいから、読書をしなければ、読書でもしていなければ、精神のバランスがとれない。必要なのは、気休めではない。精神の緊張（集中）の持続である。このときの読書（のほとんど）はその後のわたしの「仕事」の材料になった。忙しいから、よりいっそうの知的緊張を強いる読書がしたい、する必要がある、ということになる。若かったからできたのだが、これはわたしの経験則だけではないだろう。

2・3　読書だけの人

「読書」をしないヤツは「人間」ではない

　読書をする人は上等だ。しない人は下等だ。長いあいだ大学で教えていたが、こう思ったことはない。だが、何度もいうが「人間だけが本を読む。」まともな仕事に、まともな読書はつきものだ。

　だから、読書は人間に特有なものだ。その特長をある程度生かさなくて、何で人間だといえるのだ、人間の生活（人生）をまっとうするといえるのだ、くらいのことは考えたし、いったこともある。

　大学に入った。それも文学部だ。ところが、教師も学生も、わたしの見るかぎり、知るかぎりでのことにすぎないが、わたしを含めて、まわりは大した量の読書をしてはいなかった。のちに知ることになった、幸田露伴、梅棹忠夫、渡部昇一、谷沢永一、司馬遼太郎、それに丸谷才一の読書量と比べると、てんで問題にならなかった、と思えた。

　しかしわが大学の教師連は、「読書」なしに学問は成り立たない、という訓戒をたれること、ひとかたならなかった。ただし「熟読、おのずと通じる。」という体であったから、

「多読、乱読、耽読」は、むしろ学にとっては毒に通じる、と思われていたにちがいない。専門外の本、「雑書」は読まない、読んでも耽らない、と心決めしていたにちがいない。窮屈だ、というより、知的プアに通じると思えた第一の理由だ。

　大学外の人とつきあうようになって、多少本を読む人に出会うことがあった。蔵書量を誇る人がいる。たくさんの本に囲まれ、知識・教養人であるかのように思われたい、という人である。これはまだいい。わたしも例外ではない。衣装持ちやワイン収集家と似ている。

　むしろやっかいなのは、中途半端な読書家だ。読んで解すると、世の中がわかったような気がする。これは事実だ。だが「世の中」と「書の中」はおのずと違う。「書」は「世の中」の「想定」である。想定は、どんなに正鵠を射ていても、「一面」にすぎない。正鵠を射ているかいないかには、検証が必要だ。検証には時間がかかる。

　読書からえた「想定」を振り回す危険は、「権威《オウソリティ》」に支えられれば支えられるほど、大きくなる。ま、本を読むと、権威（著者《オウサー》）に成り代わって何ごとかを語りたくなる。これが人情というものだが。むろん、わたしも例外ではなかった。

読書に耽溺

読書の「危険」というか、人間らしさは、読書欲に限度がないということだ。食通がいる。音楽通がいる。発明通がいる。しかし「もの」・「こと」通には、一定限度がある。物理的《フィジカル》限度である。ところが「食欲」の「読書」に限界《エンド》はない。「想定外」をどこまでも言葉で表現することが可能だ。

酒に浸れば、アル中が嵩じて、まちがいなく酒毒で死ぬ。日本人の多くは、アル中になる以前に、肉体がもたないそうだ。書に浸れば、書毒がまわり、死ぬだろうか。人間はいずれ死ぬだろうが、書毒が体にまわって死ぬことは稀で、せいぜい、本の下になり、本の重みで死ぬくらいだろう。眼を使いすぎて、目が見えなくなることもあるが、それが原因で死ぬことはないだろう。

ただし、書も、酒と同じように、一人の人間が一生で読み切れる量は、たかが知れている。たとえば、一〇万冊読んだという人と、一千冊読んだ人とを比較することがつまらないのは、ウオッカ一万本飲んだ人と、日本酒一万本を飲んだ人を比べるのとよく似ている。酒も読書も、耽溺は、量ではなく、その人次第であるのだ。

いちばんつまらないのは、「一気」飲みだ。速読だ。理由は、飲む・読む「快楽を味わう時間」が勘定に入っていないからだ。一時、必要があって、五〇〇頁の雑誌（一〇種類程度）を最後から一枚一枚めくっていって、一冊およそ二分で「速読」を続けたことがある。目に飛び込んでくる文字だけを、拾い出して、記して、読了だ。すぐにわかったのは、拾い出した言葉は、ほとんど目次に見いだせたことだ。

「速読」のたぐいは、これもかなり長く続けた。電車で中吊《なかづ》り広告を「読む」のも同じだ。ただしこれは、本を読むのとは別の作業だ。これはこれで、「立派」な知的作業だろう。たしかに講義テキストを読むのは、「読書」の部類に入るかも知れないが、「ブック」を読むのとは違う。第一「耽溺」できない。第二に、持続できない。むしろ、耽溺や持続を拒否する。

だが、「テキスト」とりわけ「講義録」なるものを虚心坦懐《フランク》に読むと、面白い。ためになる。なかなかのものだ。

「本はすべてのことを教えてくれた。」

「世の中」と「書の中」は違うといった。当たり前のことだが、そうはいっても、単純ではない。なぜか？

「世の中」は、「書」を通してしか、その本性を知ることは難しいからだ。

「頭でっかち」とは「理論・理屈倒れ」(overtheoretical)のことだ。総じて、本の読み過ぎのようにいわれるが、中途半端な、むしろ偏頗な本読みのことである。

学問とは、非常に貴く高尚なもので、世間一般のならわしを超越し、人間にそなわる感情から遠く離れ、たいそう高遠で、実行しにくいもの、と考えられてきた。およそ逆である。なぜか。『論語』に即して、伊藤仁斎(1627~1705)『童子問』がいうところを要約しよう。(ここで、「学問」を「読書」に置き換えても、まったく同じだ。)

〈孔子の説は「人間(本)性」にもとづいている。あらゆる時代の人、農民や下僕にさえ共通な本性である。誰にでも備わり、おのずから実行可能な本性である。難解で、実行しにくく、高遠な思想は、人間本性とは無縁な、異端邪説である。誰でも、理解でき、実行も容易で、変わることのない、身近な思想こそ孔子の教えなのだ。学問は卑近を嫌ってはならない。むしろ「俗《ポピュラー》」であることが学本来の性格なのだ。

人間の性にもとづくのが人道で、孔子の説いた道である。朱子学のように、天道(不動)の理をまず立て、それに従うことを人道であると命じたのではない。知ることも行なうことも至難な空理空論に陥るとは、この天理に従うことだ。

では、性とはどういうものか？

「性」とは生まれながらの性で、人間本性《ヒューマン・ネーチャー》のことだ。有史以来、人間に共通なものだ。

この「性」が動いて「欲」を起こした場合、「情」という。耳がよい音を聞きたいと思ったりすると、情が動く。欲は朱子学では避けられるが、美しい音を聞きたい（欲）、というのは、当然（ナチュラル）で、自然感情であり、少しも否定する必要はない。「心」とは「情」が動くとき、少しの判断が加わったものだ。情（欲）も心（判断）も人間本性を基礎において考えるべきだ。人間本性にもとづいて人道を説く、これが『論語』の思想である。今日にも通じる人間の性格だ〉。

人間の本性のさまざまを書いた本、それを読み、学ばずして、人は何を読み、学べというのか。「本はすべてのことをわたしに教えてくれた。」（谷沢永一）といわれる。これはたくさん本を読んだらわかるという体のものではない。孔子やプラトンからはじめて、現代まで、書の中にある人間の本性にかなった「宝」を見いだすなかで、はじめて発しえた言葉である。もちろん、一パーセントの宝は、九九パーセントのガラクタを読んだ結果だろう。

人間の本性に適った生き方を学び育てること、これこそ教養の本筋である。

3 仕事ができる人は読書家だ

3・1 仕事には読書が必須だ

論語と算盤

わたしの知るかぎりで、仕事《ビジネス》がうまい人に、それほどの読書（量）家はいない。「本を読め！」と公言する人に、多読家はいない。乱読の人は稀だ。総じて、彼らは効率的《エコノミカル》な読書術に長けている。

「経営の神様」といわれた松下幸之助は、「わたしは本は読まない。」と、初手から釘を刺している。「日本資本主義の父」渋沢栄一（1840～1931）や「学商」（mammonist＝拝金主義者）といわれた福沢諭吉（1834～1901）は、日本近代経済人の代表者であり、通り一遍の読書家ではない。とくに諭吉は思想家であり、著述業を主業とし、数々のベストセラーを書き残した。それでも、諭吉の読書量はさほどに多くない。諭吉の特長は、読んだ量と書いた量がほぼ拮抗するくらい、大量に書いたことだ。

渋沢の読書功績は、「よく生きること」（修養）と「儲けること」（商売）が両立することを、もっとも金儲けから遠いと思われてきた書『論語』をテキストにして、ビジネスのなんたるかを解説・講義したことにある。

利を計ることは卑しい。私利私欲は悪だ。商い《ビジネス》は詐欺である。こういう資本主義ビジネスに対する通弊を打破する先頭に、渋沢は（福沢も）立ち続けた。すごい。

『論語』に「利に依って行えば怨み多し」（理仁篇）とある。だが渋沢が解するのは、「利は人の性情なれば、利を謀るは当然のことなれども、自己のみに偏せず、公利を害せぬように心掛け、道理に照らし義に従うて事を行えば他より怨まるるはずなし」（『論語講義』）だ。

『論語』の本意は、「私利」でなく「他利」をはかれ、ではない。「私利」をはかるには「他利」を、そして「公利」を考慮しなければならない、ということだ。そうでなければ「私利」を継続的にはかることも不可能になる。これこそ資本主義の「倫理」の大本にあるモラル（勤労・企業精神）だ。

情報に通じる

渋沢栄一がなぜに「日本資本主義の父」といわれるのか。他でもない、株式会社と銀行を「創立」し、その普及拡大を図ったことによる。しかし、なぜにこのような偉業が渋沢に可能だったのか？

渋沢栄一は、一五代将軍徳川慶喜の家臣だ。パリ万博（1867）で渡欧し、「合本主義」（共同出資と共同経営）のアイディアを持ち帰った。渋沢のすごいところは、いいアイディアと思えたら、すぐに実行に移すことだ。かれはまず、主家の静岡藩（徳川家）に日本最初の株式会社といわれる「商法会所」（1869年）を設立した。また経営者の組合である「東京会議所」（1872）を創立し、広く大小の金（預金）を集め企業家に資金を貸す「銀行」（第一国立銀行　1973）を設立した。三つとも日本最初である。

福沢諭吉も負けてはいない。その最大の功績は、三度にわたる欧米渡航をもとに『西洋事情』を書き、欧米先進国の政治・経済・文化・生活を生き生きと知らせたことだ。さらに新時代の推進役を担う人材育成のために、慶應義塾（中等教育校）を創設し、維持したことだ。さらに出版業を興し、日刊新聞（「時事新報」）を発行したことをつけ加えよう。福沢は「学者」に甘んじることなどできなかったのである。

「武士の商法」（士族の商法《アマチュア・ビジネス》）といわれる。だが、小栗忠順（幕閣）、由利公正（福井藩）、渋沢栄一（幕臣）、岩崎彌太郎（土佐藩）、五代友厚（薩摩藩）、福沢諭吉（中津藩・幕臣）等々、近代経済＝産業資本の創世記に活躍したビジネスマンの多くが、「武士」であったことは記憶に留めて欲しい。いずれも「資本」を広く集め、共同で経営をはかり、利を分けるという企業活動を推進した。株式会社と銀行は産業資本主義の「血液」であったし、今もそれは変わっていない。

彼らに共通なのは、最新情報通であったことだ。そのためにネットワークを広く敷いた。この時代、最も重要かつ迅速な情報手段は、手紙と書物だが、その多くは「筆写」であった。読まない人、書かない人に、そしてこれが重要なのだが、情報を提供できない人に、情報は集まらない。情報「交換」である。通信技術がどれほど効率的になっても、情報通の基本は変わらない。

情報が欲しい

松下幸之助は、「書物」を読まない、という。事実としよう。でも松下は、現下に必要な情報を正確に読む人だ。なぜそんなことが可能か？　ビジネスに勝ち抜く「情報」をえようという欲望が、異常に強いからではないだろうか。その「勘《センス》」（五感）は研ぎ澄まされている。

「知らないのは恥ではない。知ろうとしないのが恥だ。」という。「人間」＝「世間」に聞き耳を立てる。これが情報通になる大本で、松下本人の性癖にちがいない。

「このテーマで書いてみないか？」と声がかかるとしよう。「それはわたしの専門・得意分野ではない。」、と頭から断るとしよう。こういう人は「自分をよく知っている、節度ある、よくできた人だ。」と思うだろうか？　わたしなら、いな松下なら、「向上心《アスピレーション》のない人」と見なし、二度と声をかけないだろう。

自分の力を、いついかなる場合も、伸張拡充したいという欲望こそ、その人を偉大なこと（something great）に向かわせる原動力だ。

松下は「本」を読まないというが、世の中の動き、とりわけビジネスに関する情報に、常に耳を傾けている。しかしもっと重要なのは、ビジネスも「人間」の営み、不可欠な営為である。「人間」たちがおこなうのだ。その人間の、時と場所ごとで変異する考えや行動の基部にある、変わらない、変わりにくい「人間の本性」をじっと見つめていることだ。

渋沢が、福沢が、『論語』のなかに読みとった「人間の本性」、人間に共通する性質である。

松下のもっとも極端と思える言葉は、「人間には本来悩みがない。」（「ｐｈｐのことば」１９５６）である。もし人間が生来（by nature）「悩みをもつ」存在なら、人間が幸福になることは偶然ないし不可能だからだ。ＰＨＰ（Peace and Happiness through Prosperity＝繁栄を通して平和と幸福を）などは詐欺に等しくなる。一見、この極論と思える「言葉《アイディア》」は、孔子の『論語』の「人間の本性」にまっすぐつながる。

読書の四標的

幸田露伴（１８６７～１９４７）は、森鷗外や夏目漱石とともに「三文豪」の一人に数えられている。つねに在野にいて、典雅から平俗まで、万般にわたって読み書き論じたのは、露伴であった。鷗外や漱石のはるかに及ばないところだ。

その露伴に修学の四核心を述べた箇所がある。「修学」を読書や情報に置き換えても、なんら差し支えない。

〈射を学ぶのに的が必要だ。教育と独学とにかかわらず、その標的はただ四個である。

一、「正」で、中正だ。僻書を読んだり、奇説に従うと、正を失う。

二、「大」で、はじめから小さく固まってはいけない。自尊自大は忌むべきだが、大ならんと欲し、大ならんと努めるのは、もっとも大切なことだ。
三、「精」で、緻密や琢磨を欠き、選択や仕上げをおろそかにする等は、粗で、避けるべきだ。
四、「深」で、大を求めて深でなければ浅薄の嫌いがあり、精を求めて深でなければ渋滞拘泥の恐れがあり、正を求めて深でなければ、ときに奇奥のないところに至る。したがって、およそ普通学を終え、修学を続けようとする者は、深の一字を眼中におかなければならない。〉（『努力論』　大意）
これを、まず「正面」に掲げておくべきだ。

しかし、正・大・精・深は、最初からまっすぐにめざしたからといって、到達できるわけではない。重要なのは、これが手ばなしてはならない「目標」だということだ。僻書も奇説もはなから拒否し、近づけないと、逆に小さく固まる因にもなる。気持ちの上でいえば、森羅万象、魑魅魍魎を対象に、修学に励み、読破することだ。まさに露伴が実践したようにだ。

3・2　仕事のための読書

読書のなかで、わたしがいちばん中心においてきたのが、正業（ビジネス）のための読書である。わたしのケースでは、

一に、教育と研究のための読書である。

二に、一とつながる部分があるが、著述のための読書である。

三が、気まぐれな読書、もろもろの読書である。

わたしを離れて、より一般化すれば、一と二は、同じではない。最初（仕事）と第二（仕事）に関わるからだ。可能なかぎり、いま現在のばかりでなく、次の仕事を想定した読書をしたいものだ。

なぜか。終身雇用制で、あるいは一生を一つの仕事で終えることができる人は、稀になった時代をわたしたちは生きているからだ。わたしは、21世紀の現在が、一生を「二世」あるいは「三世」で生きることが可能な、素晴らしい時代だ、と想定してきたが、間違っていなかった。

本は買う

仕事には、やること、やるべきことが決まっている。

仕事人が、サラリーマンが、毎日、手ぶら（同然）で帰宅し、翌朝、手ぶらで出勤する姿を見受ける。信じられない《アンビリーバブル》?!

家庭に仕事を持ちこまないって⁉ それですむのか？ この「競争」と「格差」の時代、「情報」時代にだ。準備も、整理も不要な、身一つ「現場」に移動すれば、ことが済むなどというのは、よほど特殊なケースの仕事ではないだろうか？

エッ、それが当たり前だって？ 本気なのか⁉ もしやあなたは、18～19世紀のレーバー（肉体労働者）、つまり「身一つしか自分のものではない」労働者だったりして⁉

わたしはちんけな大学教師であった。それでも、毎年、毎回、同じテーマと内容の講義やゼミはしなかった。少なくともそう心がけた。授業は、週五回（九〇分を五コマ）、年（単純計算で）一五〇回である。これだけでも、一年に膨大な準備（時間）を要する。もちろん、授業のために調べたものが書く材料になったし、書くために調べたものが授業の材料になった。毎年、その繰り返しではなかったろうか。これが相乗効果を生んだ。

準備＝「調査・研究」対象は、わたしの場合、主として「書物」である。インターネットの時代になって多少変わったが、広い意味の「情報」収集は、紙の「書物」からだ。現在もそれは変わらない。

もちろん書物は全部買う。図書館で借りると、線を引けない。頁を折れない。付箋を貼れない。メモ等を記すのは、もってのほかだ。わたしにとって、「本」は情報源であるが、考え書く刺激剤・「発熱」道具で（も）ある。知的刺激を受けた本を前にすると、「こんな本に負けてたまるか」と高揚する。

「本は本から作られる。」これは、創作であろうが、学術書であろうが、調査資料であろうが、古今東西、変わりはない。わたしはもっと極端に、書くための材料もほとんど全部、「書物」からのものだ、といいたい。本は、必要な文献だけでなく、関連する本と思えるものも買い漁ることがある。もちろん、司馬流に「根こそぎ漁る」にはとうてい及ばないが。

本は安くない。だが、高くない。消耗品だが、消耗するしないは、その人次第のところもある。

仕事にかんする本でも、「読んで覚醒！」「読むたびに新た！」という本は、少なくない。

ところがグルメやファッションに敏感なのに、自分の仕事に不可欠な「情報」や「知識」に金をかける必要がある、ということを身にしみて感じていない人がいる。情報社会、成果次第の社会では非適格者ではないだろうか。

人に「大事」なことを聞いて、ただ同然と思っている人が多い。学生はむろんそうだが、主婦に多い。手ぶらで会社に行く人のほとんどもそうだ。仕事人の、本読みの面汚しではないだろうか。

読む1　効率

スピードラーニングというのはある。速習法だ。英会話の習得術として効力を発揮する（そうだ）。速読法もある。しかし、特例だ。熟読（熟考・熟習）があって、速読（速考・速習）は威力を発揮する。その逆ではない。

わたしはスピードラーニングが好きだ。スピードリーディングやスピードシンキングは、常に心がけている。話すにも、書くにも、スピードは必要だ。スピードは何よりも快適感のもとだ。ゆったり、のったりというのは性に合わない。（自転車でさえ、一定のスピード以上に漕がないと、倒れる。前に進まない。）わたしには、即問、即答が身にあっている。関西では「いらち」という。

しかし、だからこそ、基本はあくまでも、熟考である、としてきた。ただし、熟慮して結論を出すには、時間がかかる。読むのも、書くのも同じだ。ところが、万事に必ず「締め切り」がある。完璧を期すことはできない。いつも、「とりあえず」で済まさざるをえない。だから、課題は、常に、次に残る。それでいいのだ。完璧主義を標榜する人は、「結果」を出したくない人のことなのだ。


読む。重要なのは、一冊を丸ごと理解しようとしないことだ。

さらには、一冊から何もかも学ぼうとしてはいけない。おのずと読む＝理解するには限度がある。「締め切り」がやってくる。

どんな本でも、三行に要約できる、といった。一読、まずその三行を取り出すことだ。エッ、一行も取り出せなかったらどうするのかって？

あるいは、三行以上、一〇行以上、それとも、あれもこれも重要だと思えたらどうするかって？

どんな本でも、どんなにちんけな本でも、まるで「無」というのはない。一行はある。

これがわたしの経験則だ。「くだらない！」でもいいのだ。

三行以上を、わざわざ三行に縮めなくてもいい、と思えるだろう。だがここが肝心だ。三行にする工夫が必要なのだ。それこそ、焦点を合わせて、一・二・三に凝縮する、すなわち「要約《サミング・アップ》」の妙である。

「京大式カード」がはやったことがある。カードだ。B6サイズ（46判）の罫線が引かれただけのカードなのに、けっこう値が張る。わたしはケチな性格だったので、カードが一杯になるまで、なんでもかでも、注記すべきものを記入してゆけばいい、と思えた。一枚のカードだが、かなりの量の情報を入れることができる。

一枚に「情報」は一種だけにかぎる。これがこのカードの威力の源泉であった。三行に要約するには、最後に、必要カード三枚を選べばいいことになる。（ちなみにわたしといえば、一冊を一枚のカードにまとめた。）

「読む」の基本は、まず「要点」を取り出すことだ。

読む２　熱中

精読は大切だが、一冊の本で、どの箇所が精読に値するかどうか、は単純明快ではない。

当の本に、あなた（読者）が何を期待しているかによって、要＝「精読の箇所」が異なるからだ。

「赤子のような真っ白の心で書物に当たる。これが重要だ。」こういう人がいる。どだいそんなことは可能だろうか？　たとえ可能だとして、『真っ白な心』では、本を読むこと、理解することは不可能だ。

いいたいのは「偏見なく読みなさい！」だろう。だが、ある程度「見通し」をたてずに、「想定」せずに、映画を観たり、食べ物を味わったり、人とつきあったりはできない。読書だって同じだ。

やめるべきは、「偏見をもって読まない」ではない。「偏見をもって、当の本を読まない」である。とりあえず「なんでも読んでやろう！」の精神でいくことだ。「童話は読まない。」これはわたしの偏見だ。だが「大人の童話は、すすんで読む。」がわたしの偏見（性癖）だ。この程度には、偏見に対して寛容でありたい。

とくに勧めたいのは、ご贔屓をもつことだ。これは一種の「偏見」（＝先見）のすすめだ。

偏見は、ファン心理に近い。友人に歌舞伎ファンがいる。かつては片岡仁左衛門であった。いまは市川海老蔵に首ったけだ。一も二もない。それでも、彼女、仁左衛門や海老蔵だけを観てきたのではない。歌舞伎をかなり広く見てきた。理解もしている。ご贔屓をもつゆえんだろう。

わたしは、分野ごとに、読書のご贔屓をもってきた。小説（開高健・司馬遼太郎・大西巨人）、評論（谷沢永一・山崎正和）、思想・哲学（吉本隆明・梅棹忠夫）、政治経済評論（長谷川慶太郎・ドラッカー）、エッセイ（曽野綾子・山本夏彦）等々である。おのずと、彼・彼女が書いた本なら、すぐ買い、手に取ったら、すぐ読んでしまう性癖がついた。彼らはみな多産家である。もちろん、かってのご贔屓（中野重治・マルクス）も大切にしている。

ところで、精読が必要なのは、「理解」困難なところである。総じてこう思うだろう。だが、待ってほしい。「難解」と思える箇所は、ひとまずは読み飛ばそう。一読後、まだ気になってしかたない場合は、戻って、「なぜに難解なのか?」を調べてみよう。気にならない場合は、忘れてもいい。

マルクス『資本論』の「読解」で、わたしたちの世代に大きな影響を与えた宇野弘蔵（1897〜1977）は、『資本論』を一度も通読したことはない、気になる重要な箇所を繰り返し熟読したにすぎない、という意味のことをいっている。「通読」したことはない、という言葉を鵜呑みにする必要はないが、最重要ポイントを決める、精読する、これが必要不可欠なことは、すべての読書に通じる。自分の仕事に生かす読書の基本だろう。

3・3 読書のための読書

読書は自己愛

仕事に必要な本を読む。自分のためだ。仕事に必要ではない本を読む。これも自分のためだ。自己愛行為だ。大別すれば、前者は、外部「成果」を生むためであり、後者は内部「成果」を生むためである。端的にいえば、「利益」であり、「教養」である。もちろん、二つはつながっている。仕事が「できる」人は、総じて人間が「大きい」。教養が深い人は、総じて、どんな仕事をやっても、「そこそこ以上」にやり遂げる。もちろん、例外はあるが。

ここで「読書のための読書」とは、人間を大きくする読書のことで、「教養」＝「人間を耕す＝成長させる」読書のことだ。それも、人類のため、国のため、社会のため、会社のため、家族のため、等ではなく、「自分」のための読書である。

人間は、残念ながら、自分が好きだ。「自己嫌悪」や「自己否定」を語る人がいる。ほとんどのケースが、「謙遜」ではない。多くは「自尊」やときに「不遜」の裏返しだ。実のところ、「自分はこんな嫌なヤツだ。が、そうではありたくない。」あるいは「自分はこんな嫌なヤツだ。が、こんな自分でも愛してくれるか。」だろう。不正直な自己愛である。

世界は自分中心に、自家族中心に、自国中心に回っている。回ってほしい。それが人間の自然だ。善悪の問題ではない。

「読書のための読書」とは、自己愛の表出である。「自分が楽しむ」である。ところで、「自分」とは奇妙奇天烈で、たしかに「ある」が、「種《たね》から特種《はな》に変化してゆく」としかいえない。この「変化」が「カルチャー」（耕作）である。「教養」である。教育であり、文化だ。教育＝文化（カルチャー）の王道は読書＝修養（mental exercises）である。体育（フィジカル・カルチャー）の王道が体操（physical exercises）であるようにだ。

「読書」は、子が、親（家庭）から、教師（学校）から自立して、大人になるために不可避な行程である。「世界に出て行く」ために通るべき必須のコースだ。たかが「本」じゃないか、「読書」にすぎないじゃないか、と思うかも知れない。

しかし福沢諭吉の『学問のすゝめ』は、身分・性別・年齢・宗教、それに、貧富・貴賤・賢愚に関係なく、学べば、世の中に出て行くことができる、自分の足で立って生きることができる、「自尊」に値する人間になる、と満天下に表明し、多くの人を鼓舞したのだ。何がなくとも、身一つでも、『学問のすゝめ』を読むことを通じて、自立活計の人（一人前）になれるといったのだ。ために、「教育」の、実学の基礎＝「読み・書き・算盤」の不可欠なことを説いたのだ。これこそ、人類最大の「自己愛」宣言、「読ませて、知らしめる」である。すばらしい。

何がなくても、読書

仕事で読書を必要としない人は、マニュアル仕事、だれでも型どおりにやればできる仕事に、終始している、と思っていい。もちろん、マニュアル仕事が無意味《ナンセンス》だといっているのではない。不要だというのでもない。いいたいのは、マニュアル仕事は、簡単に取り替え、リストラ可能だということだ。ならば、人生は長い。リストラされたときに備え、次の仕事のために準備する必要がある、と思わないだろうか。とくに仕事の内容はもとより、技術が高速度で変化する社会に、わたしたちは生きているのだ。

なるほど、「リストラする企業が悪い。」、「会社は従業員を取り替え道具としかみなしていない。」こう非難することはできる。だが、自分を愛しているのだろう。捨てた相手を恨み、つきまとい、復讐心に燃えるだけでは、あまりに自分が惨めではないだろうか？自分を不幸にするもとではないだろうか？

「自己愛の最高形態」を考えたことがあるだろうか？

人間、何が励みになるといっても、自分のしとげたことを、これぞと思う人に認められることに優るものはないだろう。それに、人間、だれもが「認められたがっている」、自己愛求者なのだ。

アメリカの作家デール・カーネギー（1887〜1955）は『人を動かす』（1936）をはじめ、超ロングセラーを書いた。いまでも聖書並に売れている。その核心は、人を動かすのは、言葉や態度ではない。実際に、その人の身になって、その人の気持ちになって、助言し、働きかける力である。これがビジネスでも成功する秘訣である。

重要なのは、カーネギーがこれを「本」で、読めばわかる「言葉」でいったことだ。つまり、読まない人には、わからない。

だが、「その人の身になる。」はとても難しい。人間は、誰もが、「我欲」の固まりだからだ。「難しい」が、反面、「簡単」でもある。いい家族をもとうと思うなら、家族に「いい」ことを要求するのではなく、家族のために一生懸命尽くすことだ。「我欲」を捨てると、自分がはじめに望んだもの（「我欲」）が、おのずと実現する。この、難しくて、簡単なことを、カーネギーは、繰り返し繰り返し、例を挙げながら、説いて、人々を励ます。誰にも、ビジネスで成功するチャンスがある、幸福になる道はある、と訴えるのだ。素晴らしい。

思い切って、他の何がなくとも、誰がいなくとも、読書だけで、人間は人生の「切所」(dangerous place) を切り抜けることができる、と断じてみたい。

何があっても、読書

わたし自身に関していえば、幼童・少年期は別として、たくさん読書してきたわけではないが、「何があっても、読書」で来た。読書のない生活を想定することはできにくい。でも、まったく読書なしに生きる人は、この日本にいるだろうか？　「いる」と仮定することはできるだろうが、一生涯、読書に無関係なひとは「いない」だろう。なぜか？　文字を知らない、読んだことのない日本人を想定することは困難だからだ。

問題は読書が「必需」であるか、ないか、のちがいだろう。

人間は生物だ。新陳代謝する。食べない、排泄しない生活は不可能である。対して、読む・書く必要のない生活は、不可能ではない。こう理論的にはいえるだろう。だが、である。

人間の本質、人間だけにあって他の生物にない性質は何か？「言葉」（の使用）だ。人間なのに、この「言葉」のネット（全網）社会で、言葉でできた「本」を読まないなんて、そもそも可能だなどとは思えない。

読書など関心ない、自分にはまったく関係ない、そんなものは掃きだめに捨てても少しもかまわない、という人でも、「以後、読書は一切禁止！」となったら、耐えられるだろうか？およそできない（だろう）。

「読書」は、人間にとって、他に代えがたい存在なのだ。他のすべてが備わっても、読書生活がなければ、人間の生活、少なくとも「文化生活」とは言い難い。文化＝「教養」の生活である。

ただし「教養」は時代によって大いに異なる。

わたしが馴染まなかったのは、旧制高校が掲げた教養主義、古典主義の精神だ。古典

（classic ＝ 一流）は読むべきだ。（ときに、まったく読まなくてもいい。）古典にならないもの、「流行」にすぎないものは読む必要はない。これは、困るだけでなく、閉塞する。退嬰する。わたしと違う、といいたい。

不思議でも何でもないが、その人の生き方、仕事の仕方は、読書傾向に、絶妙に反映される。どんなに失敗し、泥にまみれても、読書がどろどろになっていなければ、立ち直ることができる。逆に、どんなに栄光に満ち、順風満帆な毎日を送っていても、その読書がぼろぼろで、生気がなければ、アウトである。わたしは、そう見立てている。

「俗」に「雅」の成立根拠（地盤）をみる。これが芭蕉の「不易流行」だ。現在に生きて、古典を生かし、新古典を生むスタイルだ。これを読書生活でできなくて、何で可能だというのだろうか。「温故知新」（studying the past to learn new things; learning from history）が「教養」の生命なのだ。「歴史」とは「記録」であり、書かれたものである。歴史から学ぶとは、読書を通じて以外にはない。「教養」の源泉だという真意だ。

4　人間は「本」だ

「人間は本だ。」も、もちろん、極論だ。

「本を読まないヤツは人間のクズだ。」といいたいのではない。「人間は、本を読んでこそ、真っ当な大人になれる。」といいたいのだ。

だが、本を読むと、必ず、真っ当な人間になる、などといいたいのではない。「本を読む」＝読書は、「大人」になるための必要条件ではあるが、十分条件ではない、ということだ。

ただし、高度情報社会に私たちは住んでいる。「本」（文書）を読まずに生きることはできない。この意味では、「読書」は、この社会で生きてゆく、必須《なくてはならない》（indispensable; essential）条件である。読書力を磨くのは、大人になり、自前で生きてゆく根本条件なのだ。「人間の条件」といっていい。

4・1　人間は「言葉」をもって、はじめて人間になった

言葉はつらい《ハード》

「ブスといわれた。死んでやる！」という子（女子）がいた。「何だ、言葉にすぎないじゃないか。忘れてしまえ！」ではすまないケースがある。ささいな言葉でも、ときによって、鋭利な刃物となって相手の心奥を貫くかどうか、は前もってはかることは難しい。「事件」や「体験」の強度は、どんなに辛いものでも、時間とともに薄くなってゆく。個人体験は、どんなに辛い失敗（失恋、不合格、疾患、破産、敗戦等々）でも、いつかは忘れてゆく。その人が亡くなれば、ほとんどは消え去る。

「戦争体験、戦争の悲惨さを忘れるな！」といわれ続ける。なぜか？「人間は忘れる存在」だからだ。「体験」は体験者がいなくなれば、茫々たるものになってゆくからか？ 然り、かつ、否だ。善い、悪いではない。これが自然の力、時間という万力である。まず、このことを認めよう。

ところが、人間は、忘れない、忘れることのできない存在である。なぜか。言葉をもった、とくに書き言葉をもったからだ。

『聖書』に〈はじめに言葉があった。言葉は神とともにある。〉（創世記）とある。これはユダヤ・キリスト・イスラム教信仰のエキスとされる。

とはいえ、聖書＝バイブル＝本（ブック）であり、それに書かれた言葉だから、今に残ったのだ。これは『日本書紀』であろうが、『徒然草』であろうが、拙著『大学教授になる方法』であろうが、「書かれたもの」＝記録、記し残されたものは、いつでも・どこでも、「復活」「再生」可能といっていいのだ。

「言葉」のほとんどは泡のように消えてゆく。ノートや手紙、日記や書物、テープやビデオに書き印された言葉が、残され、「再現」されるばあいがある。ときに、その言葉は、かつての文脈を離れ、まったく違った意味を伴い、強度を増して、立ち現れることがある。「ブス」といわれた言葉は、この子にとって「死ぬほど辛かった。」この感情には、対処のすべがない。わたしなら、黙って、旨い食事でも、馳走するぐらいしかできない。でも、よかったのか、アホらしかったのか、一週間後にあったら、嬉々としていた。わたしには信じられないが、これも自然である。言葉は、どんなに「特筆大書」しても、簡単に雲散霧消する場合がある。否、大げさに書けば書くほど、空無化するケースが多い。消去するのも「言葉」だ。

言葉《バイオレント》はすごい　『罪と罰』1

わたしが最初に「言葉」の魔力にとらわれたのは、一二歳のときだ。

わたし（鷲田）は田舎に育った。実家は商家で、実用一点張り。読書用の本は一冊もなかった。ところが『罪と罰』を読んでしまったのだ。読んだ理由は思い出せない。でも読んだその日から、毎日のように、顔のない主人公ラスコルニコフにシンクロした「自分」が出てくる。夢は、きまって、奈落の底、暗い底なしの闇にどこまでも落ちて行く途中で、目が覚めるという体（たい）のものだった。悪夢の連続だ。「原罪」をはじめて考えたときではなかったろうか。

大学に入り、池田健太郎の新訳（世界の文学）で『罪と罰』を再読した。一〇代のはじめにはじめて本格的な小説を読んだ時の驚愕というか、恐怖は味わなくてすんだ。一二歳時の恐怖の記憶が蘇ったが、「?」がはいった。「この主人公は性格破綻者、精神障害者ではないだろうか?」である。でも、日本文学界に圧倒的影響を与える、この偉大な世界文学を代表する作品を、わたしごとき青二才が「バツ」の烙印を押すのは、不遜の極みだ、と思えた。

それからドストエフスキーへの旅がはじまった。『カラマーゾフの兄弟』『地下室の手記』『白痴』『悪霊』を読んでいった。結果、一つの確信がやってきた。

作者が性格破綻者で、作品の主人公が性格破綻者であるような小説は、青春時代には夢中になれる、あるいは悪夢にうなされるような形で読むことができる。しかしまともな「大人」が読んで、感動し、共感し、影響を受けるような作品だろうか？　そうではない、という確信だ。そして運よくというか、いわば自分で選んだ結果というか、次のような記述にであったのだ。

言葉が突破力だ　「青春」との決別　『罪と罰』2

何度か引用したので気が引けるが、いたしかたない。

《私が初めて『罪と罰』を読んだのは……十二歳の頃だったろうか。これはすばらしく力強い、血湧き肉躍る本だというのが、私の読後感だった。再読したのは十九歳の年、ロシアでは恐ろしい内戦が戦われていた時代で、これは長たらしい、ひどく感傷的な悪文だ、と私は思った。その後、二十八歳の時に自分の本でドストエフスキーを論じた際、また読んだ。アメリカの大学でこの作家について講義をする必要に迫られたときも、また読んだ。そしてごく最近のことである、この作品のどんな点が間違っているのかをようやく悟ったのは。

この作品の欠陥――私の考えでは、倫理的にも美学的にも建物全体の倒壊の原因となりかねない裂け目は、第四部第四章に発見される。それは殺人者ラスコーリニコフが少女ソーニャを通じて新約聖書を発見するという、贖罪の始まりの場面である。ソーニャは彼に、イエスのこと、ラザロの復活のことを読んで聞かせる。そこまではよろしい。だがそのあとに、全世界に知られた文学作品では他に例を見ないほど愚劣きわまる一つのセンテンスが現れる。「消えかけた蝋燭の炎はゆらめき、この貧しい部屋で永遠の書を読んでいる殺人者と淫売婦をぼんやり照らし出していた」。「殺人者と淫売婦」それに「永遠の書」――なんという三題噺だ。これはドストエフスキー的修辞の典型的な癖がよく現れている、決定的な文章である。では、この文章のどこがそんなにひどく間違っているのか。どうしてこれがそれほど粗雑で非芸術的なのか。

私は主張したいのだが、真の芸術家あるいは真のモラリストは――良いキリスト教徒あるいは良い哲学者は――詩人あるいは社会学者は、いかに雄弁の弾みであろうと、殺人者と(人もあろうに!)貧しい街娼とを一緒くたに並べてはならないのだ。一緒に聖書を読んでいる二人の頭の中味は全く異なるのである。キリスト教の神を信じる人たちが理解しているところによれば、キリスト教の神はすでに千九百年前から売春婦を赦している。一方、殺人者は何よりもまず医者の診察を受けなければならない。両者は全く異なるレベルの存在である。ラスコーリニコフの非人間的で馬鹿げた犯罪と、肉体を売ることによって人間の尊厳を損なっている少女の苦境と、この両者には、ほんのかすかな共通点すら見出すことができない。殺人者と淫売婦が永遠の書を読んでいる——なんというナンセンスだ。汚らわしい人殺しと、この不運な少女とのあいだを繋ぐ修辞は存在しない。あるものはただゴシック小説や感傷的小説の因襲的な修辞ばかりである。それは安っぽい文学的トリックであって、偉大な文学の情念や敬虔な心ではない。更に、芸術的バランスの欠如という点にも注意していただきたい。私たちはラスコーリニコフの犯罪のあらゆる不潔な細部まで見せられ、彼の行為に関するさまざまな説明を半ダースも与えられる。ところが、ソーニャの商売の現場はただの一度も見せられない。彼女の状況は美化された決り文句にすぎない。淫売婦の罪は言うまでもないこととされている。だが本当の芸術家とは、何事について「言うまでもないこと」とは決して考えない人のことなのだ、と申し上げておこう。》

（ナボコフ『ロシア文学史講義』〔1981〕小笠原豊樹訳　TBSブリタニカ　1982）

わたしは、一二歳で『罪と罰』を読み、極端に無口になった。それから十数年である。

ようやくナボコフに出会って、ドストエフスキーの魔力から抜け出ることができた。わたしが未熟な「青春」期を突破できたと確信できた決定的瞬間である。これも、「言葉」のすごさのたまものだ。

ドストエフスキーの『罪と罰』にであって圧倒されるのは、「青春《グリーン＝あおい》」のせいである。同時に、その欠陥をきちんと言葉で了解できて、初めて、青春の第一段階からおさらばできた。この「過熱」期を避けるのではなく、ぜひ突破《ブレイクスルー》することをすすめたい。これこそ読書でしかできない、言葉（＝人間）の威力だ。

4・2　人間は「本」である

言葉の哲学

単純化すれば、第一に、「本」は言葉でできている。人間は言葉だ。人間は「本」だ。いわゆる三段論法で、これで終わり。

だが、「人間は言葉である。」という理由はさらに重層的だ。

1　言葉は「国語《ラング》」（制度《システム》＝共通の無意識）だ。日本語（あるいは英語）というシステム（文法）はすでに決定ずみで、それに従うしかない。日本人とは日本語人のことでもある理由だ。

2　だが、言葉は「発話《パロール》」（自己表出＝表現）だ。同じ制度のもとにありながら、個人個人で表現はことなる。それぞれ「個性」がある（でる）。夏目漱石の（自己）表現とわたし（あなた）の表現は、異なる。ただし、漱石の『こころ』がわたし（あなた）にわかる（伝達可能な）のは、同じ日本語を用いているからだ。

3　さらに重要なのは、言葉は「言語能力《ランガージュ》」（創造力＝シンボル化作用）である。「いま・ここにないもの」・「いまだかつて・どこにもなかったもの」を喚起する能力である。言葉とは、「創造主」なのだ。たんに表現・伝達する創造力の源泉であるだけではない。すべてのもの、たとえば「食欲」や「性愛」の源泉でもある。

言葉はこの三層構造を常に重層的《からみあわせ》に活動させている、人間にだけ特有な「力」（能力）である。

以上は、ソシュール（1857〜1913）が明らかにした言語学＝人間学を、丸山圭三郎（1933〜93）が『ソシュールの思想』（1981）で読解した成果、言語人間学のエキスである。ここでは、とりあえず、言葉は「社会」（制度）であり、「個性」であり、

「創造力」の本源である、ということを知ってほしい。

歴史

1　「歴史」（history）とは「人間の歴史」のことである。
2　「歴史」とは、文字通り、「記録」であり、「書かれたもの」＝「書物《かかれたもの》」を意味する。たしかに「考古学」も書かれたものを対象にするが、基本は「モノ」である。歴史研究・理解の本道ではなく、枝道＝「史料」である（にすぎない）。
3　事実、東西の最古の史書といわれる、ヘロドトス『歴史《ヒストリアイ》』（History）も司馬遷『史記』（the Historical Records）も、ともに「記録」（書かれたもの）＝「本」を意味する。最古の歴史書である『聖書《バイブル》』（The Book）は、まさに「本」で、洋の東西の中間＝中東、文明の開始点＝中心に生まれた。
4　たしかに、歴史という名で、人間（人類）発生以前の事物《こと・もの》をあつかい、たとえば宇宙史とか植物史などという。だが、ヒストリ（書物＝本）からの転用で、先史（prehistory）の分野だ。
まず「歴史」とは「本」のことだ、を了解してほしい。

歴史とは書かれたものだから、『日本書紀』も『古事記』も、成立年代はどちらが先かという問題は残る(わたしは『日本書紀』が日本最古の歴史書と考える)が、ともに「歴史」である。ただし現代風にざっくりいうと、前者が「史書」で、後者が「物語」ということができる。

「歴史」など知らなくても、生きてゆける。たしかにそうだ。そうやって日本人の絶対多数は生き、かつ、死んでいった。それに歴史は、それを書いた人、書かせた人の思惑(wish)が強く入る。『日本書紀』には、八世紀に確立した「天皇家」(天武・持統)の意志が色濃く入っている。「公明正大」の歴史書など存在しえない。だが、多くの人が納得する、多くの人の生存に資する歴史を書こうという努力を失ってはならない。

その意味でいえば、「歴史」書とともに、「時代」小説が必要である。わたしはとくに、古代史から現代まで、日本人がどのように生きてきたのかを、小説という形で書いた時代小説を読まずして、日本と日本人は語りえない、と考える。

とりわけ、戦前戦後、すぐれた時代小説が輩出し、日本と日本人観を大きくしかもゆっくり変える力を発揮してきた。二冊だけ紹介しよう。

戦中(戦後)に書かれた子母沢寛『勝海舟』であり、一九六〇年代に書かれた司馬遼太郎『竜馬がゆく』である。ともに幕末から維新を、すなわち近代と現代を臨む日本が舞台だ。海舟と竜馬は、師弟の関係で、親幕と反幕に分かれながら、ともに開国（文明開化＝教養）派である。この二冊の巨編を読めば、日本が、その重大な欠点とともに、素晴らしい場所と機会と人とに恵まれた国である、と思うことができる。明治維新史とともに、戦後史が、あざやかに見通（見直）すことが可能になる。

しかも存分に面白い。耽読できる。何か頭がよくなった、時代の変化に一本筋を通せたような、ほがらかで誇らしい気分になる。つけたしていえば、小説は小説から生まれるのだ。子母澤の海舟があればこそ、司馬の竜馬が生まれた、ということが納得できる。

なお司馬の長編時代小説『空海の風景』から『人びとの跫音』までをつなぐと、いな『街道をゆく』から『この国のかたち』まで、短編小説集から全エッセイをたどると、日本の歴史（通史）はもとより、世界の中の日本が見えてくる。

今年（2020年）は、司馬遼太郎（1923〜1996）没後二五年だ。この機会に、飛び飛びでもいいから、司馬文学に親しむ（身の近くに置く）ことを勧めたい。

歴史を、とりわけ歴史＝時代小説（＝本）を読まない人は、日本人ではない、さらに人間として欠けるところがあるのではないだろうか。わたしにはこう思われて仕方がない。

＊時代小説のガイドブックとして是非にも勧めたいのが、大村彦次郎『時代小説盛衰史』（筑摩書房　２００５　ちくま文庫〔上・下〕）

社会

ここで社会というのは、もちろん国も現住の市町村も入る。日本ばかりではない。外国もだ。

わたしは純農村地帯に住んでいた。五〇年前は僻村だったが、いまは人口減にあえぐ、ＴＰＰ（Trans-Pacific Strategic Economic Partnership Agreement 環太平洋戦略的経済連携協定）という大波に襲われる穀倉地帯だ。ＴＰＰに無関心ではいられない。だがこの協定を知るためには、世界の政治経済動向を読みとる必要がある。簡単ではない。またこの協定に参加しない国、中・韓・台等の関連を含めて、日本ならびに世界の政治経済知見を欠かせえない。だが残念ながら、これといって勧めることができる「本」はない。

外国に行けば、日本と日本人を強く意識する。わかりたいと思える。不思議ではない。これは、家庭を離れ、自立し、子どもを育ててみなければ、親の「ありがたみ」が十分わからないのと同じである。

外国に放り出されてみて、日本という国って、日本人って変わっている。「日本の常識は世界の非常識だ。」と強く感じる。同時に、かなり深く外国や外国人とつきあってみると、「人間ってあまり変わりがないな。」ということに気づいてゆく。

しかし、わたしはいわゆる体験主義者ではない。それに、いくら地球が一つになったからといって、連日、札幌の狸小路が東南アジア人で一杯になるからといって、誰にでも、いつでも、簡単に、国外に行けるわけではない。行けてもツアー程度では、かえって外国も、そして日本も、外側をなぞって終わるだけだ。だからいいたい。

情報＝コンピュータ社会だ。世界各地の情報に、個人が直接アプローチ可能な時代になった。実に便利だ。古代ギリシアの哲学者アリストテレス（前384〜322）の「没地」（母の生地）ハルキダなどは、グーグルで簡単に検索することができる。これは確かだ。

そのハルキダ（ハルキス）は、アリストテレスがアテネを追われるようにして出た旅の果てのように思え、わたしの予想（想定）ではアテネからずいぶん遠いところに位置していたはずだ。だが、五六キロとある。いまならさほど遠くない。でも、アリストテレスは病気で、しかも徒歩と舟の旅であった。伝記を読むと、たしかに遙かな地なのだ。アリストテレス時代は紀元前四世紀だ。これなど歴史をたどらないと、見えてこない。

そのギリシアのアテネを訪れた。街の一番高い丘の上に登って、一服していると、高校生（？）に囲まれた。すらっとした青年たちだ。全部、黒い瞳と髪で長身、人種的にはターキーである（ように思えた）。いうまでもないが、古代ギリシアは、この丘には、遺跡しか残っていない。そう思えた。一人がタバコを吸い出した。一本ほしいというそぶりをしたら、きっぱり断られた。タバコは高価なのだ。彼らが紙で刻みのタバコを巻いて吸う理由だ。敗戦後、日本でも、タバコの吸い殻を拾い、ばらしほぐして、紙に巻いて吸う風景をよく見た。それと同じであった。古代ギリシアが、敗戦直後の日本につながっている、と思えた。

もっとも、現ギリシア文化は、古代ギリシア（アテネ）文化と「陸続き」ではない。古代ギリシア・ローマ（文化）を知るためには、せめてプルタルコス（46？～120？）『英雄伝』を、できれば、この本を読んだシェークスピア（1564～1616）『ジュリアス・シーザー』（1599）を読みたいものだ。文明や文化を、「教養」と言い換えてもいい。

司馬遼太郎は、外国を訪れるとき、その国の国民（民族）感情を知る手立てとして、たとえばアメリカではマーガレット・ミッチェル『風と共に去りぬ』（1936）を、アイルランドでは、ジェームズ・ジョイス『ユリシーズ』（1922）を読んでいったそうだ。前者は国民的な大衆＝ベストセラー小説であり、後者は最難解な前衛小説である。さらに司馬のロシア文学好きは、ロシア（民族）大好きにまで嵩じる体だ。

「本」を通さなければ、自他の社会が見えてこない。こう断言できる。「小説」を卒業しただの、政治経済はわたしの「範囲」ではないだのというのでは、世界で仕事をし、生きてゆくことは難しい。こう言い添えておきたい。

4・3 人生は「本」のなかにある

「読書」と「読み書き」

「読書」は、人生とりわけ日常生活にとって必要不可欠なものではない。こういわれたり、思われたりしてきた。否、いまも思われている。むしろ、時間の「浪費」であるだけでなく、「頭でっかち」になる。「有害」だ、とさえいう人がいる。

だが、「読書」を「読み書き（算盤）」と言い換えてみよう。「有益」へと反転するのではないだろうか？「読み書き」とは、

〈社会生活をする上で最低必要な、読解と文字表記の技能。〉（新明解国語辞典）とか、

〈読むことと書くこと。書物を読み、字を書くこと。学問。「―を習う」〉、「読み書き算盤」で〈読むこと、書くこと、（算盤をつかって）計算すること。日常生活をしていく上で必要なこととしていう。〉（広辞苑）とある。

たしかにかつて「読書」は、「教養」の素であるのに対し、「読み書き」は「生活」の素である。したがって、読書人＝教養人は「収入」の心配がない、「飯の種」に困らない人に特有なもの、普通の人間には「浪費《むだ》」の類であった。

しかし、21世紀になる。コンピュータ社会の時代だ。「読み書き」だけでなく「算盤」も一手に引き受ける「計算機《コンピュータ》」が実用化し、大衆のものとなった。コンピュータとは「算盤」（計算）を主体とする「読み書き」（「読書」）の機械なのだ。

電車の中で、喫茶店で、自宅のソファの上で、老若男女が、とくに女たちが「スマホ」（超小型携帯電話＝コンピュータ）を夢中になっていじっている。なにをしているのか？「読書」（「読み書き算盤」）だ。それ以外ではない。「教養」はもとより「学問」に「つながる」アクションであると思えないか？　思える。

コンピュータが、「本」を、「読書」（読み書き）を駆逐する。つい最近まで、こういわれた。だが、そう見え・思えるのは、過渡期の現象である。たとえば、「新聞」は、明治期、数万部で「大新聞」であった。昭和の最盛期、朝日も読売も、一千万部に手が届いた（?）。21世紀、その部数減に歯止めがかからない。

だが、新聞（newspaper）はなくならない。「紙」の「新聞」が減少するにすぎない。いつでも・どこでも・だれでも、ニュース（＝新しい出来事）を伝えるさまざまな媒体《メディア》で読む時代になっている。パソコン・スマホが、メディアの中心になったのだ。

「本のなか」の人生

「本」（読書）の人生は、人生の一部だ。こういってまちがいない。だが、これは、「身体」（人間の肉体）は食い物の一部だ、と同じことをいっているのだ。

身体は食事の結晶である。人は、どんなにすばらしい食事をしても、すばらしい身体に結実し活動できなければ、空しい。同じように、人は、どんなにすばらしい人生を送っても、「本」になって読まれなければ、空しくなる。このようにいっていいのではないだろうか？　もちろん、言い過ぎ、極限の部分はある。

「本のなか」の世界も人生も、絵空事（a castle in the air ＝空中楼閣）である。同時に、人間もその世界も、もちろん歴史も、絵空事なしには存在しない。なぜか？　繰り返し述べてきたように、人間は「言葉」をもつ存在だからだ。その言葉をごくごく自然に使うこと、読み書き算盤することができて、はじめて自然＝自由＝自在に生きる人間とよぶにふさわしいからだ。

ただし、本の中の世界と人生も、すなわち絵空事にも、よしあしがある。（すでに述べたように）ナボコフはドストエフスキーを感傷的な悪文家とみている。『罪と罰』で殺人鬼（ラスコルニコフ）と売春婦（ソーニア）が聖書を読んでいる行《くだ》りを、世にも愚劣で悪趣味だと断じている。ドストエフスキーの小説はどう見ても劇画調だ。絵がないのと観念の世界で人形が踊るのとで、若い読者は欺されて深刻になりやすいものだ。こう倉橋由美子（1935〜2005）『最後から二番目の毒想』（1986）はいう。少年期、欺され、深刻になったわたし（鷲田）である。倉橋の文学識、人間観察に賛同する。

そんな倉橋が述べている。すごくいい。

《吉田健一の小説はエッセイと区別して読む必要のないようにできていて、作者の頭に生まれた言葉の流れをただ文章にしたものですから、その文章を読むだけで足ります。小説だから大いにはらはらどきどきさせてもらおうとか、涙を流させてもらおうとか期待するのも間違っていますし、エッセイだから肩を怒らせ頭を硬直させて立ち向かわなければと身構えるのもばかばかしい話です。》（『偏愛文学館』２００５）
でも実人生をナチュラルに生きるのと同じように、『作者の頭に生まれた言葉の流れをただ文章に」するのは、簡単ではないというより、難しい。貴重《レア》だ。なぜか？

世界の「読書」

１　「頭」は「複雑」かつ「怪奇」な構造と働きをするからだ。この頭を一元的にコントロールするのは、至難の業だ。最近はやりの「脳」研究者は、「脳科学」などと標榜しているが、「脳」の構造と機能のごく一部を「解明」（説明＝科学）できているにすぎない。ま、たとえていえば、東京から横浜までの経路を、ＪＲ東京駅からＪＲ横浜駅まで、東海道本線で辿るようなものである。この一路線はたしかに「科学《せいかく》」だ。だが単純な一路線であるにちがいない。

２　「頭に生まれた言葉の流れ」をそのまま「文章」にする。これは簡単か？
少年期、「作文」の時間、「頭に浮かんだものを素直に書きなさい。」といわれた。しかし、説明するまでもないが、「頭に浮かんだまま」を書いたら、とんでもないことになることは、子ども心にもわかった。

3　「頭に生まれた言葉の流れ」をそのまま言葉にするなんて、考えるだに、難しい。アート（技術）がいる。

「明治以降の日本の文人で、この人のものさえ読めば、あとはなかったことにしてもよいと思える人の筆頭は吉田健一です。」と倉橋はいう。

ではどうして、どのような道を通って、吉田はこのような境地《アート》に達することができたのか？　倉橋はいう。

総じて、《吉田の文章は、長くてまわりくどくて何を言っているのかわからない、普通の日本語の文章から外れた癖の強い悪文の代表のように見られることがありますが、これは話が逆で、そういう人は日本語、あるいは日本語に限らず、考えたことを正確に伝える文章というものが読めない人ではないかと思われます。》なぜか？

吉田もいうように、《「……文章で読めるものと読めないものを区別することができる。それでどれだけ簡単にわかりやすく言葉が進められてゐても駄文は駄文であり、その反対に言葉遣ひが慎重で時には微妙を極めてゐてもこの真実がそこで語られてゐるといふことがあればそれがよむもののちからになつて言葉に付いて行けないといふことは起らない」（『変化』）と言われていることがまさに吉田健一自身の文章にも当てはまります。英語やフランス語の作品を翻訳することを通じて、どんなに複雑微妙なことでも日本語で言えるところまで行き着いた結果が吉田健一の文章であるということです。》

わたしたちが、明治維新で西洋文化がなだれ込んだのに、日本の歴史が「中断」されたと少しも感じていないのは、外国のどんな複雑微妙なことでも、論理を正確にたどることができる日本語の文章を書くことができたからだ。正確を期せば、書くことができる人がいたからだ。吉田の言葉でいえば、「日本語の構造の柔軟を他の国語に照らしても柔軟である方向に進展させる」ことができたからだ。

複雑なことであろうと単純なことであろうと、それを語る文章に必要なのは、「論理の確かさ」である。複雑な世界を、複雑な脳が読解し表現する。つまりは理解する。それには「論理」(logic)＝コトバ《ロゴス》が必要だ。

もっともこの「論理」＝「頭に生まれた言葉の流れ」こそが難物なのだが。

ところでこの吉田健一って誰か？　戦後日本の最大政治指導者である吉田茂首相の長男で、英文学者・作家である。吉田健一著作集（全30＋2）がある。

5 記憶が「いい」は、仕事が「できる」だった

5・1 「できる人」の意味が変わる

能力は暗記力できまった

20世紀末まで、「できる人」は、総じて、「暗記力」の優れた人だった。何よりも「試験」は「暗記」力で決まった。試験の中心科目は英語で、英語の試験は語彙《ごい》暗記力できまる。英語の成績のいい人はほとんど例外なく、偏差値（総合学力段階）が高かった。

「暗記」などコピーではないか、猿まねだ、独創性がない、といちおうはいうことができた。それも「本」の丸暗記である。だが、試験で試されるのはテキスト（本）をどれだけ理解したかだ。単純化すれば、知識（情報）の収集・分析（理解）であり、その蓄積と利用（再現）である。すべては暗記《イン・プット》したものを再現《アウト・プット》することにかかっている。これは試験

にかぎったことか？　そんなことはない。仕事も基本的には同じだ。こういうと、ただちに反論されるだろう。

学校の試験と実社会での仕事とは、違う。学校でどんなに成績優秀でも、会社では芳しい成績を収めることができない。実社会では「実力」がものをいう。

その通りだ。しかし、「実力」には「暗記力」（＝情報収集能力）と「再現力」（＝情報活用力）が重要な部分をしめる。大学で成績優秀な学生は、実社会では「かならずしも」優秀とはいえない、ときに落伍者も出る。だが過半は、優秀なのだ。そうでなければ、一流校卒しか入れない一流企業は、早晩、業績不振に陥るだろう。陥っているだろう。

「記憶」優秀は、「業績」優秀につながった。すぐに思い出すのは、元首相の田中角栄である。コンピュータ付きブルドーザーといわれた。めちゃくちゃ頭の回転が速かったそうだ。一度会った人の名前は忘れず、数十桁の数字がバンバン飛び出すほど、記憶力がよかったそうだ。

しかし、20世紀末から、コンピュータ社会になった。日本社会だけではない。世界中だ。個々人にも、その仕事にも、「コンピュータ」が「脳」に外付けされる時代が到来した。「優秀な人」の概念が変化した、といっていい。

暗記力は機械で代替可能だ

ここに、日本人の、とりわけ日本語（＝日本文学）の歴史を総括した奇蹟的な大冊がある。『日本文藝史』（1985〜92）で、その「はしがき」（劈頭）にこうある。（これも何度か引用したことがある。）

《これまで、われわれの分野で偉い学者といえば、博識者のことであった。何を訊ねても即座に答えてくださるのが大先生だったけれど、超巨大データが日本文学むけのコンピューターに入力されるであろう将来においては、どれほど絶倫の頭脳をもつ学者でも、データ・ベイスの記憶に対抗することは不可能となる。そのような時代に、研究者は何をしたらよいであろうか。人間ひとりの記憶容量が機械に対抗できないとすれば、われわれに残されるのは、それらのデータを使って、考えることであろう。考えることは人間の特権であって、機械がどれほど進歩しても人間の相手ではない。》（『日本文藝史』Ⅰ）

著者は小西甚一（1915〜2007）で、一九八四年七〇歳時の言葉だ。

小西は「考えること」を、人間とコンピュータ（機械）との対比で、思考（暗記と計算）機械の助力と超越との関係でつかまえる。この研究方法は未来に開かれた、じつに若く正当な態度である。全五冊のこの本は菊版（B4）で三三一五頁、じつに厚い。が、すらすらと読める。透徹した思考に貫かれている。はじめ英語で書かれ、出版されたからではないだろうか。英米人にもわかる「世界標準」の表現である、とあえていってみたい。（小西以降の文学あるいは思想研究で、小西のこの著作を読まないで著述する外国人の言は、にわかに信用することはできないと思って間違いないのではないだろうか。）

考える能力

では小西がいう「考えること」とはどういうことか。たとえば、夏目漱石（論）である。〈夏目漱石の遺作『明暗』（未完）には、「則天去私」というようなこの作品以前にあった東洋的倫理はまったく姿を消している。登場者は、近代的な「我」に執われた俗物だけであり、いかなる救いも見られない。しかも、ヘンリー・ジェームズが『黄金の盃』で示したように、作中人物Aの内心が、当人および述主（ナレータ）だけにしか知られず、他の作中人物には不可知な場面に、作中人物BにAの心をいろいろ推測させる場面が続くというように、いわゆる「遊動視点」が多用される。知的にはかなり高い（らしい）のに、津田が妻のお延がわからず、お延は夫の津田がわからないため、泥沼めいた日常が展開する。他の主要人物たちも、意識層では相手の心を驚くほど明敏に察しながら、もう一つ深い層ではわからないことに苦しむ。相手の心を知ろうと必死にもがくのだが、ついに知りえず、しかも、互いに知りえない状況が享受者にはよくわかる。したがって、《作中人物たちの心理過程を観察の対象とするならば、人物相互の不可知が交錯しあい増大しながら危機を形成してゆくよう構成されている周到さは、強い緊迫感となって享受者に迫る。だから『明暗』の英訳版は、それ自身で欧米に通用するはずである。

欧米の小説と同質な技法で『明暗』を書くことになったのは、西洋文明の受容により形成された日本人の近代的な「我」を描くため、それが好適だと考えられたゆえであろう。明治精神がもはや過去のものとなったと痛感する漱石は、この作品で東洋的な倫理性をまったく提示しない。》(『日本文藝史』V)

ちなみに『明暗』は大正五年、一九一六年の作品だ。「明治は終わった」という時代意識の表明でもあったのだ。〉(拙著『日本人の哲学2　文芸の哲学』2013)

コンピュータ級の頭脳(記憶力)をもった小西が、(アメリカ産の)コンピュータを駆使して書いたのが、『日本文藝史』であった。漱石『明暗』を、当時の最新文芸思潮である「意識の流れ」の線上において読み解いた、「考える=独創的な」作品論、である。

この書が書かれたのは、わたしなどがまだハードディスクのないワープロを、ぱたぱたやりはじめた頃のことである。

5・2　記憶は「索引」の時代になった

グーグル

21世紀である。「記憶装置」が変わった。頭脳（内部装置）は可能な限り自由自在に作動できる、創造的活動に特化できるようにする必要がますます大きくなった。同時に、膨大な情報の収集と記憶はコンピュータ（外部装置）に委ねることが可能な時代になった。

しかし、「現在」はまだまだ「過渡期」だ。急速度で変化中とはいえ、地球上に遍在する「情報」の一部しかデジタル化されてはいない。それに、一般に利用可能なのは、そのごくごく一部にすぎない。とりわけ「現代」の作品は、著作権の切れたものにかぎられている。

それでも、半世紀前、わたしが一九六〇年代に大学の専門学科（哲学）に入った時とは雲泥の差、月と鼈《すっぽん》である。

なによりも先に、演習《ゼミ》で使う「原著」が必要になる。丸善（書店）に注文する。一冊一万円（当時の一月分の生活費）は致し方ないが、手元に届くには、最低でも半年かかる。

当時ゼロックス複写は原書並みに高価だった。手元にテキストがないまま、半年、時に一年が過ぎることになる。それに最新の参考文献と思って購入した本が、一年経ってやってきたのはいいが、若手の博士論文（内容は日本の修士論文並）を綴じたものであった。

　現在はどうか。必要な文献は、アマゾン（通販書店）ですぐ手に入る。基本文献は、デジタル化され、簡単に読むことも、コピーもできる。時に無料でだ。「とんでも訳」を恐れない覚悟なら、翻訳ソフトを利用することもできる。

　とりあえず、「考える」材料は、だれでも、コンピュータを活用すれば、迅速かつ正確かつ大量にそろえることが可能になったのだ。（その分、文献表だけをコピーして、案配するような横着さが横行する。）

　しかし、何にしろ、「考える」手がかりが必要だ。「検索エンジン」、「索引《インデックス》」である。「グーグル」や「ビーイング」の類である。わたしなどがもっともよく使うのは、一〇〇パーセント信用することはできないが、「ウィキペディア」（フリー百科事典）である。もちろん、ＰＣのハードディスクには、大小の辞典・事典が入っている。だから、「知りません。」「読んだことありません。」「考えたこともありません。」は、「無知」や「無学」ではなく、遁辞や手抜きの証拠である。知る手がかりくらいは、探ることが可能なのに、その手間さえも省く、正真正銘の「怠けもの」（the lazy）である。

「四国」は小さいか？

日本列島は本州・九州・四国・北海道の四「島」で構成されている。そのうち「四国」が最も小さい。これくらいは、小学生の低学年でもわかる（だろう）。では、四国は本当に小さいのか？「本当」も「嘘」もない。大小は、比較である。比較対象によって、当然、大小は変わる。

四国の面積は一八八〇〇平方キロだ。イスラエルより小さいが、クウェートやフィジー（諸島）よりわずかだが大きい。ハワイ州よりは大きい。それでも日本の全面積の五パーセントを占めるにすぎない。

「土佐」は、四国四州の内、他の三県＝州《クニ》と四国山脈で遮られた別天地だ。司馬遼太郎『夏草の賦』（１９６８）は、土佐に覇を立て、戦国末期、四国の覇者となった長宗我部元親を活写した長編だ。司馬は土佐を「鬼の棲む国」（異界の地）とした。この地が地質学的には、ルソン島の切れ端だ、とわたしは聞いた（どこかで読んだ？）ことがあったので、なぜか、納得できた。

司馬は、『菜の花の沖』で淡路島（阿波＝徳島藩領＝支藩で、明治期、兵庫県に編入）を、『空海の風景』で讃岐＝香川を、『花神』や『坂の上の雲』で伊予＝愛媛を、『竜馬がゆく』や『夏草の賦』等で、高知＝土佐を主舞台に描いた。どの作品も、実に印象深い。司馬の作品群でも傑作に属する。

この四国で、坂本龍馬脱藩の道（高知から宿間まで歩行三日、あとは長浜まで川船）を車で辿ったことがある。次いで、宇和島、四万十と、四国の西半分をまわり、高知へ戻った。半日がかりであった。すべて舗装道で、あっという間と思えたが、やはり遠い。

四国は地図上では大した大きさに思えないが、存分に広い。その全部を、たとえば「遍路」（八十八カ所巡礼）で歩けば、どんなにいそいでも、半月ほどかかるのではないだろうか。山が高く深いのも、その一因だろう。普通、全行程を自歩だと、三年かかる。などということは、グーグルで辿る（読む）だけで、一時間とかからない。簡単だ。

かつてシナイ半島を聖地巡礼で横断したことがある。もちろんバスでだ。山・砂漠の地だ。『聖書』ではモーゼがユダヤ人とともにエジプトを脱出し、シナイ半島をへめぐること四〇年、ようやく約束の地カナンに達した、とある。なんとまた遙かな旅と思える。

だが、映画「アラビアのロレンス」を観た。なかでロレンスが、シナイ半島（現イスラエル）の喉元アカバ（軍港）から、カイロまでシナイ半島を横断・走破する場面が出てくる。アラブ軍がアカバのオスマントルコ軍急襲に成功した報を英軍司令部に伝え、救援をえるためである。砂嵐の中、なんと一昼夜（？）の行程なのだ。車ではない。

ここまでは、ＰＣの検索エンジンで辿ることができる。だが、四〇年と一昼夜の差は、何なのか？　これはＰＣ「検索」では辿ることができない、と思えたが、そうともいえないから、面白い。

曽祖父の「事跡」が読める

検索エンジンですごいと思えるのは、「文献」のデジタル写真版だ。身辺雑話に属する「私事」を三つ記す。

１　曽祖父、鷲田彌左衛門の事跡『北海道人名辞書』（１９１４　４０２〜０３頁）二五〇字記載。〔近代デジタルライブラリー　国立国会図書館　一部コピーも可〕曽祖父は福井を出て、旧厚別に遅れて入植した。

《鷲田彌左衛門（わしだやざゑもん）

福井県坂井郡鶉村字黒丸の人　安政五年五月農作右衛門の長男に生る　長じて大工とな

り明治二十三年四月札幌に来たりて大工を業とす　二十六年札幌郡白石村字厚別に移住し爾後農業に従い水稲の普及に力を致し灌漑の法を講ず　大正元年札幌外四郡農会長より篤農家として表彰せらる　彌左衛門深く仏教を信仰して曽て東本願寺へ金二百円を寄付して商量員を許さる　人と為り温厚にして質朴　能く公共慈善に金品を寄付す　其農事に熱心なることも深き仏教の信仰より来たれるもの》

2　祖父、鷲田彌太郎　発行人『白石村誌』白石村　1940　558頁、図版31頁。〔北大図書館他5館蔵〕　＊家郷＝旧白石村字厚別、現札幌市厚別区を知る基本文献。祖父は、家業＝雑貨商を広げ、戦時期、村長だった。発行人である理由だ。

3　父、鷲田金彌　「昭和初期の厚別駅前」　札幌市教育委員会編『札幌歴史地図〈昭和編〉』〔北海道新聞　1981　52頁〕　＊1頁＝町内（家屋名）図と750字（説明）。父は家業を継いだが、晩年廃業する。

この三篇は、わたしにとって「家系」を辿る基本文献である。大げさにいえば、わたし自身の一部である。

もっとも、『白石村誌』（現物）は手元にない。外観や奥付を写真（デジタル）で見ただけだ。ただ「日本の古本屋」（古書通販）のサイトに、文教堂書店が『白石村誌』を「鷲田弥太郎、白石村役場、昭15・9、A5判、全206頁、写真図版32頁、20000円」と出品している。縮尺版だろうか？

実に、仕事の導入部として、PCは好便だ。これなしに仕事全般は進まない。こう断じていいだろう。

5・3 「短絡」の時代だ!!

「機械」が苦手なことは？

人間は機械ではない。「機械的《メカニカル》」とは、規則的ということだ。

朝六時前に目が覚め、顔を洗い、つま先歩きで書斎に行き、仕事を始める。これは三〇代のはじめ、わたしが書斎（本のある独立の仕事場）をもつことができたとき以来の習慣＝習性《キャラ》＝自然である。とはいえ、これは「第二の自然」で、わたしが受験期を振り出しに、長いあいだかけて身につけたもので、したがって機械運動ではなく、機械「的」運動にすぎない。簡単に崩れる性格のものだ。

人間は、機械運動が苦手である。たま（たま）に、壊してみたくなる。じゃあ機械は何が苦手か？　不規則運動だ。不規則運動をする機械は、機械ではない。

かつて「機械」のモデルは「時計」だった。時計が「狂う」とは、規則運動＝正確に時を刻むことができなくなることだ。だが、厳密にいえば、どんなに同じように作られた時計でも、同じ時計は二個ないし、正確無比に時を刻む時計はない。

21世紀の現在、「機械」のモデルは「コンピュータ」である。わたしがコンピュータとは無縁に生きている、ということはできる。しかし、コンピュータがなければ、電気も水も、配給不能になる。冷暖房も効かない。

ただし電子計算機（computer）は、どんなに複雑で高性能を誇っても、文字通り、たかが「計算する」（compute）機械だ。「思考機械」といっていいが、それも「暗記」する機械で、その構造も機能もドンドン進化（高速・大容量・正確化）するが、あくまで計算する機械なのだ。

「機械」だから、電算機も、不規則運動は苦手である。もっとも苦手なのが、自動計算機のようにいわれるが、「計算」せずに「解」を出すことだ。神の推理力＝「灰色の脳細胞」をもつとされる名探偵ポアロのように、「犯人」とすれ違った瞬間、ピンとくる「勘働き」は、電算機にはできない。機械が計算をすっ飛ばして、「ショート」（短絡）したら、狂った、壊れたことを意味する。役に立たない。

それでも、いかな神のごときポアロも、つねに既存の「情報」を収集し、整理し、いつでも頭の中から引き出せるように準備万端怠らない状態でいないと、第六感は働かない。

つまりは、コンピュータの助力を得て、灰色の脳細胞はフル回転できるというわけだ。本（蔵書）も、新聞雑誌も、助手も、警察捜査情報網もなしに、「脳細胞」が独立独歩で活躍するわけではない。

「センス」とは何か？

「勘」（直感）とは、第六感《インスピレーション》、感覚器官（senses）に根拠をおかない「センス」のことだといわれる。感覚器官でとらえることのできないものをとらえる能力、これがいわゆる「カン」というものだろう。「カン」とは、「解」に一瞬で「ショート」（短絡＝直進）できる能力である。

　だが第六感は、「センス」である。感覚器官を飛び越えるが、感覚器官と無縁なのではなく、感覚器官を「ブレイクスルー」（breakthrough ＝突破）した「感」のことにちがいない。「問い」があれば、おのずと瞬時に、「解」に、「答え」に、「結果」に達することができる「能力《タレント》」のことで、そのほとんどは「遺伝」と「習練」のたまものだ。

町工場の金型職人が、図面も引かずに、世界に一つしかない注文通りの金型を作る。そのいうや、よしだ。「だれも作ったことがないものしか作らない。」と。もちろん才能（遺伝）ということはある。

なぜ「遺伝」か。どうも適切だとはいえないが、「柿の種」から「リンゴの実」はできないからだ。これが遺伝子の絶妙さなのだが、遺伝子操作（突然変異）によって、柿の種からリンゴの実がなる、という可能性は否定できない、ということでもある。

だがよく知られたように、発明王エジソンは、「天才は一％のひらめき《インスピレーション》と、九九％の汗《パースピレーション》だ。」という。努力（＝汗＝習練）こそが天才を生む、というのだ。だが同時に、どんなに努力しても、「一％」のひらめき（天才＝遺伝）がなければ、無駄になる、といえる。九九％の「汗」は、天才に相応しいのではなく、凡才にこそ相応しい、と思わないだろうか？

外部記憶装置である「本」や「コンピュータ」を充実させ、その内容に習熟することが、内部記憶装置（脳）を変幻自在に、つまりは創造的に活動させることになる。こう思えないだろうか。それは、動物的勘（ショート力）を養うことにつながっている、とわたしは考える。

「雑読」こそが

読書は、岩波文庫と新書、せいぜい中公新書やちくま新書にかぎる。そこがホーム・ベースになる。こういう人がいる。人の好みに塀を建てることはできない。しかし、これでは最初から、狭量な読書、平べったい人間になることを宣言するようなものだ。(私見では、こういう人は、むしろ、読書などには近づかないほうがいいだろう。)

結婚相手は、「三高」でなければならない、と条件設定する人がいる。(内心、そう思っている女性は多いのではないだろうか?)だが、こと志とは違い、条件に合致する人が現れなかった。それでというわけではないだろうが、一見、条件違反(三低)の人と結婚した。すこぶる上手くいった。こういう例は、無数にある。

わたしの読書経験についていえば、幼童期、読むような本が家になかったこと、少青年期、教科書と受験参考書以外ほとんど読まなかったこと、これが幸いしたように思える。「そんな⁉」というなかれ。青年期に入って、なんでも読むことができたのだ。

ただし、わたしの知見に入るかぎりでの人、司馬遼太郎、谷沢永一、開高健、曽野綾子等々の、本好き、本読みは、目の前にある活字なら、なんでも読み、気に入ったものはとことん読んでいる。

曽野綾子に付いて、何度か聖地巡礼や調査旅行に行ったことがある。この人の忙しさは尋常ではない。朝、ホテルでまずワープロ原稿をファックスで編集者に送っていた。移動先、姿を見ないと思ったら、小さな書店に入り、その土地で出しているパンフや書籍を抱えて、嬉々としている。バスのなかで、静かにしていると思ったら、紙をめくっている。（本は重い。だから旅で買うのは躊躇する。だが曽野は夫をポーターにする、と三浦朱門はぼやくことしきりだった。）三浦もまた、忙しいから本を読み、仕事ができる人だ。

ちょっと違う人がいる。渡部昇一で、その読書遍歴は、まことに「王道」をゆく思いがする。『渡部昇一　青春の読書』（２０１５）は、六〇〇頁を超える大冊で、これで「青春」編なのだから、あきれる。しかもこの人、七〇歳を過ぎても、記憶力は衰えないという。まさに「旧」天才の典型なのだ。

学問（専門＝英文法・英国学史）で傑作を書いているだけでない。「競争」は厭だ（人を卑しくするところがある）から、全科目満点をめざして勉強した、と衒《てら》いなくいう。稀代の読書人で、読書をベースにした評論家だ。日本が好きで、日本の歴史を愛し、日本通史の傑作を書いている。『聖書』と『論語』はお手の物で、その書いたものはどれも、男性的だ。渡部は徳富蘇峰を「豪傑」と書いたが、渡部こそ豪傑の典型だろう。ただし、

（と一拍おいて）、言わずものことながら、わたしは渡部先生が苦手だ。「迷い道」が嫌いなようなのだ。名人だが、わたしのような迷人むきではない。

「雑読」のない読書は、「データ」のないコンピュータに似ている。「短絡」＝直感力が身につかず、置物になる恐れがある。

6　ライブラリーのある空間をもとう

「索引」のある本

コンピュータは、人間が苦手な記憶力の代替機になる。活用しない手はない。ＵＳＢ一本に、蔵書一〇〇〇冊分のデータが入る。必要なときにいつでもどこでも引き出し、再生できる。まさに一台のＰＣがライブラリーの基本型である。

もっとも、紙の本も、必要不可欠だ。当分は、過渡期がつづく。紙の出版社の死活に関わる期間だ。

近世文学研究の中村幸彦著述集（全15）や梅棹忠夫著作集（全22＋1）が、単行本とは別に、書棚に並び、いつでも取り出せる状態になっているのは、取り出すことが稀でも、精神衛生上、とてもいい。折口信夫全集（全31＋1）とあわせて、詳細な「総索引」が付いている。三つとも中央公論社の美事である。

中村幸彦著述集（中央公論社）「全巻」を注文したとき、「最終巻」だけ入手できなかった。（誰か、が抜き出したのだ。）「ばかやろー！」じゃないか。だが、ないものはない。ところが幸運なことに、ほどなくして恵比寿の小さな古本屋で、最終巻を偶然見つけることができた。乱丁（一頁だけ）本だったが、喝采ものだった。

どんなにデジタル化が進んでも、紙の本がもつ独特の「文化度」を、人間は丸ごと手放すことはできない。「衣服」が「裸体」を覆うだけのものではないのと同じようにだ。ただし、紙の本＝「大部数」を必要としなくなるだろう。紙の新聞が、紙でしか出せない知的文明感を失ったら、その部分から消えてゆくだろう。すでにそうなりつつある、というのがわたしの予感だ。

コンピュータとペーパーが競争し、どちらかが廃れてゆくのか、ではない。すでにコンピュータ優勢時代に入っているのだ。紙の本だって、ほとんどがコンピュータ仕立てである。それはもう、誰が何といおうと、引き戻せない。

それでも、何で読もうと、「読書」である。本を開いたのが、画面を開くことに変わるだけだ。どうしても紙で読みたいって?!　持ち運び簡便。原型を留める。紙は、邪魔になったら捨てるか、別途に利用できる。ザッツ、ライト。

だがだ。現に「読む」という肉体《フィジカル》アクションにかぎっていえば、わたしにとっては、デジタル画面のほうが、光やページ目繰り具合などを含めて、はるかに読みやすい。活字の大きさの調整は自在だし、速く読める。若い人なら、なおさらだろう。何もかも、スマートフォン一台で、情報処理をする人が少なくない。しかもこの超小型コンピュータ、まさに万人＝地球人向きで、進化し続けている。

人間なら、使わないではいられない、必需品になっている。こんな「機械」、これまでにあっただろうか?

6・1 ライブラリーをもつ

仕事室

かつて、以下はわたしの特殊ケースに思えたが、いまは違う。

わたしがまるまるパソコン（ワープロソフト）で書いた最初の本が『大学教授になる方法』（1991）であった。それからパソコンのみで書くようになった。仕事場が一変した。

1 本や資料を読むテーブルと、パソコンを打つテーブル（コピー機とファックス機共用）とが分かれた。仕事空間には、最初は、寝所が、次いで寝椅子があった。だが、ラジオとコーヒー以外は持ちこまないことにした。
2　本は仕事量が増えるごとに、増えてゆく。そのたびに書棚が増えた。でも、大した数ではない。処分できないと思えたが、退職（70歳）前とあとに、いくらか処分せざるをえなかった。
3　仕事場には、家族は入らない。手を出さない。仕事は異時空間である。原則として、「別棟」である。これを通してきた。ま、ここにいるときは、離れ小島の住人同然だ。
これを「贅沢」とみるか、「投資」とみる（仕事部屋にかかる費用分くらいは別途に稼ぐ）か、でその評価は分かれるだろう。仕事には、大小にかかわらず「投資すべし！」なのだ。
4　「家庭」に仕事を持ちこむな、などというケチな考えでは、この情報社会でまとも《リッチ》な仕事はできない。「頭も技術もプアのまま終わっていい！」といっているのに等しい。
5　それに特記したい。子どもが独立の空間を占拠しているのに、大の大人が寝るだけの部屋しか占有できていないのは、ばかげている。子どもは、コマーシャルではないが「狭いところが好きなのだ。」狭くていいのだ。だが、わたしの家も、世間に違わず、子ども三人の部屋を二階にべつべつにあつらえた。しかし、子どもが去った後、そこは、一室だけわれわれの寝室に転用されたが、他は空き部屋・物置場になっている。二〇年を超えた。実に嘆かわしい。

家事室

主婦の家事室が見直されているのは、とてもいい。家事室は電化されているが、電脳《コンピュータ》化からはほど遠いのではないだろうか。

1　わたしの妻は、三〇代になって、青色申告をはじめた。雀の涙にしかすぎないが、還付金が見込めたからだ。それがベースになって、ごく最近になってだが、税金等の申告をコンピュータでするようになった。コンピュータだ。何であれ、使って憶える、慣れるしかない。

2　ただし、残念ながら、というか、当然というべきか、妻の仕事場所は、テーブル一枚分である。実に機能的に整理整頓されているが、やはり手狭だ。台所の一角を占拠しているが、椅子の背中は、シンク（流しの水槽部分）やガスコンロに接している。

3　主婦にかぎらず、家事室は、機能的であるだけでなく、家事全般の情報の集約場所だから、機密性も備えていなければならない。ま、「家」の心臓部なのだ。ほんの畳一枚でもいいから、機密を司る人が管理する、鍵のかかる独立空間（昔の金庫）が必要だ。

4　妻は、パソコンやスマホを使うが、メモやレシピや記帳は、まず手書きである。パソコンは、誤って操作し、「消去」になるという恐れがあるのだろうか、直にパソコンに打ち込んでいけばいいのにと思えるが、そうしない。

5　ただしいいのは、わたしにパソコン操作を聞かないことだ。頼りないからだろうが、難しくなると、息子に聞いているようだ。それがいいし、それでいいのだ。

6　わたしたち、敗戦前後に生まれた世代は、せいぜいこのくらいだろう。しかしわたしたちの子ども世代、一九七〇年以降に生まれた人たちは、仕事場や家事室について、もっともっと先行投資していいように思える。何、大した金額にならない。しかも毎日使うのだ。

ライブラリーコーナー

わたしは「書庫」をもっている。いま考えると、無茶「贅沢」だ。購入した分の本代だけを合わせると、家一軒分を優に超える。でも、である。本のない家、本のない人生は、わたしの人生の「半分」以上を奪う、と思える。重要なのは、本代の多寡、書庫の有無・大小ではない。必要「度」である。「工夫」だ。

本（情報）が人生に、とりわけ仕事に必要だ、ということはもう語る必要はないだろう。その上でいうが、このコンピュータ時代に、独立の「書庫」はむしろ必要ではない、とわたしは考える。

1 コーナーに「棚」を設定する。とくに寝台横とトイレに、必要だ。数十冊入るだけのものでいい。日曜大工の木工コーナーに行って、幅木を買い、自分で組み立てるのがもっといい。少しずつ増やすがいい。

2 本は不必要になったら、処分しよう。ただし処分できない本がある。装丁のいい、写真の素敵な本だ。こういう本ほど場所をとるから始末に悪い。だがたとえば、善養寺康之写真・山本七平文『十字架への道』（1984）は、いま買えないだけでなく、もう買わないだろうから、手放したくない。この本には、わたしの個人的な巡礼の旅も詰まっている。

3 わたしの書斎に、デジタル本は、予想したほどというか、まったくといっていいほど、増えていない。「ただ」で手に入るものが多数あるから、ケチなわたしの習性からなのだろうか？　ただし、ＤＶＤ（映画）やＣＤ（レコード）は、目に見えて増えたようだ。これはこれで立派なライブラリーだ。疲れたとき、同じものを何度も見る。聞く。見ると、ミステリなら再読したくなる。ま、年をとるとは、こういう循環にはまっていくことでもある。自閉ともいうが、自足でもある。

４　一カ所にではなく、玄関口に、家事室の奥に、居間のコーナーコーナーに、小さくジャンルごとにしつらえられたライブラリーは、知的人生のオアシスではないだろうか⁉

これは、家でこそ「仕事」の能力を上げようとする人の心意気の表れではないだろうか。

６・２　「本」のある空間、ない空間

「会社」

よほどの会社でも、ライブラリーは、みすぼらしい。独立の資料室、資料室の管理人《マネジャー》、書籍、データ等が充実しているところは、稀である。本の多くは、使う人次第、あるいは「消耗品」に仕分けされている。

もしあなたが、仕事熱心で、自分の仕事を最大限拡充するのに必要な「本」（含むデータ）を会社に要請したら、そろえてくれる会社があるとしよう。それは、会社が、第一

に、あなたの能力を認めているか、第二に、ライブラリーの充実が会社の発展にどれほど重要かを、よくよく承知しているか、のどちらかだ。しかし、第一のほうで、あなたはまず「成果」を出さなければならない。第二は、社員がライブラリーを利用する姿勢、頻度がなくてはならない。

本がない会社は寂しいが、本だけが立派な会社はもっと寂しい。本を活用しない社員は怠惰《レイジィ》だが、活用できない社員は愚《プア》だ。そして、会社＝仕事でがんがん力を発揮すれば、自身の能力《クオリティ》も高まる、ということを知ろうともしない馬鹿《フール》がいる。少なくない。

会社で仕事は「給料分」働けばいい、とうそぶいている人に、未来はない、などとはいわないが、ずいぶん自分をないがしろにする、軽く見積もる人だと思う。

「会社」にもいろいろある。だが、どんなに低劣で、貧しくとも、仕事で全力を尽くしたら、その分の見返りは、給料の多寡とは別に、ある。本を読もうが、仕事の準備を家で怠らなかろうが、「給料《ペイ》」は同じじゃないか。こう思ったら、罰当たりだ。残念というか、当然というか、「仕事」で能力を高める、これしか真っ当な人生はないのだ。

「学校」

学校は、わたしにとって、ほとんどいい思い出はない。小中学校はもとより、高校、大学もだ。そのいずれも、知的場所ではなかった。おまえ（鷲田）が知的な時空を学校に求めていたのか、といわれれば、否、かつ、然り、としか答えることはできない。なにせ、学校ばかりか、社会全体が貧しかった。広い意味でプアだった。知的な人に会わなかった。最大因は、わたし自身が知的欲求に欠けていた。

三五歳で、公立短期大学に職をえたが、「大学」とはいいながら、研究する場所ですらなかった。それでも、図書館（室）にどういうわけか、関口存男『冠詞』（全3巻）があった。「すごい！」と一瞬声が出そうになった。

一巻が両手でやっと抱えることができるくらいの重さだ。背が革で、超大判横書きのこの本を、この大学の八年間、昼の授業から夜の授業の合間、心おきなく（理解できるところは少なかったが）読む楽しみを味わうことができた。結果、この本を購入しなかった。自分のケチな性格を恨まずにはいられない。（ただし、三巻で、軽く一〇万円は超えた。）

大学は研究・教育するところだが、専門の研究や教育のための文献整備を望むのは、よほど難しい。ほとんど全部自費でまかなわなければならない。たしかに「普通の大学」というところは「研究費」が出る。本は「消耗品」扱いで、わずかだが、助かる。三〇年間支給されたが、全部で家半軒分は支給されたことになる。

だが、小・中・高校にはきちんとした研究用の図書館も、研究文献もないし、研究費も出ない。ま、それはいいが、自分の仕事のために身銭を切って「本」を買う教師は、どれくらいいるだろうか。雑務に忙しいって。忙しいから、読書をするのだ。再びいうが、その逆ではない。

定年後、書斎を増築し、そこで心おきなく本を読もう、という人ならかなりいるだろう。だが、普段から本を読むことを生活の一部にしていない人が、書斎をもつと、そこが昼寝の場所になりかねない。それでもいいが、なぜか悲しいね。

「図書館」

個人の必要最小限のライブラリーが必要だ。工夫次第でだれでも装備できる。

公的な図書館《ライブラリー》は必要かつ不可欠だ。その利用も多様だ。デジタル化が急速に進んでいることは、実に喜ばしい。

「本」は人類の遺産だ。もちろん、秘蔵しておくだけでなく、利用されなければならない。

だれでも、いつでも、どこでも、貸し出し自在のデジタル本化はその最良の道だろう。

だが、公立の図書館は、「ただ」で本を貸し出すところではない。アメリカのような、本を読む習慣に欠けるところは別にして、日本のような文化度の高いところで、ただでたくさんの本を借りる地域が、「貸出率トップ！」などと文化度の高さを誇るなどは、本末転倒だ。

図書館は、庶民が個人ではとうてい買えない本、きっちり蔵書すべき本を収集するところだろう。簡単に入手できる同一ベストセラー本を数十冊も買い、大量に貸し出すところでは断じてない。

もっとも、冷暖房が効いた、閑散とした大学図書館は、もっと広く利用されるべきだろう。かつて死蔵されていた個人図書を公立や大学図書館が引き受けてきた。だが、それがスペースや管理の関係で難しくなってきた。デジタル化は、この困難を解消する契機になるだろう。

本はコトバの集積だ。人間の歴史そのものだ。プラトン哲学が古典（first class）中の古典と評価され、わが田中美知太郎が「プラトンで哲学は終わった。」などといえるのは、一にも二にも、プラトンの弟子やその学徒たちが、プラトンの著作（手書き）を残す懸命な努力をしたからだ。紙であろうがデジタルであろうが、本にして残す意義は、プラトンの時代でも、今日でも変わらない。

本を集積する図書館は、知＝情報の基地《ベース》である。日本語の基地を失ったら、日本人は消滅する。こう想定していい。

6・3 コンピュータは「コトバ」社会の主人公になる

「道具」 便利

コンピュータの最大の特長は、人間がもっとも苦手とする「記憶」装置で、簡便・迅速・正確・大量に処理する道具《ツール》であることだ。

わたしがこの道具を使い始めたのは、五〇歳に近かったが、それから三〇年余、さすがに八〇歳を過ぎると生産力は停滞しはじめている。だが、PCのおかげで、わたしの仕事力は高原を突っ走ってきたように思える。

もっとも顕著なのは、ネット社会の恩恵である。都心から、とりわけ一極集中の東京から遠く離れ、都会（札幌）から公的交通機関のない、隔絶した離れ小島同然の過疎地に孤立して生きてきても、何不自由なく研究生活と仕事が続行できたことだ。

日進月歩というが、コンピュータ社会は、まさに人間社会を革命するだけでなく、「人間」の概念に変更を迫るほどの衝撃力を発揮し続けてきた。

今西錦司は、人間とサルは、形態上、かぎりなく近いといった。そういう形態上ゴリラ然とした今西でも、人間（生命体）と機械（非生命体）は根本的に異なる、と考えている（にちがいない）。かつて同僚にゴリラの研究者Uがいた。異常に清潔好きで、研究室に「人」（ゴミの塊）が入るのを嫌った。Uは京大に移って、若くして亡くなったが、廊下を歩く後ろ姿は、神秘性を秘めたゴリラと思えた。

かつて「機械はどこまで人間に近づくことができるか？」が人間工学のメインテーマであった。今も変わっていない。だが、「人間（をはじめとする生命体）はどこまで機械なのか？　機械に近づくことができるのか？」が、最新の人間工学あるいは哲学のテーマなのである。

わたしが愛読して止まない古川俊之（1931～2014）『機械仕掛けのホモサピエンス』（1987）や『バイオメーション革命』（1992）が掲げるテーマでもある。コンピュータの進化が現実の進化のモデルである、というテーマだ。

「機械」考える

なぜか？　コンピュータは「計算機」である。「計算」する機械で、あの暗算の苦手な西洋人が、今では、どんな額でもすぐにドルをユーロに換算できるのは、ソーラーバッテリーで動くキヤノンやカシオ（made in china）の計算機があればこそだ。どんな田舎や人の少ない島に行って、買い物をしても、少しも困らなくなった。これも電子計算機にかわりはない。

ところが計算機を使い馴れると、筆算はもとより、「暗算」もしなくなる。計算力が落ちる。できなくなる。不思議でも何でもない。

計算機に代替できるものはドンドン代替したらいい。水道設備ができたのに、わざわざ渓谷まで下って水を汲む手間暇をかける必要があるだろうか？　ない。趣味なら別だが。

わたしは「暗記」が多少得意な人は、かつてわたしが使っていた、容量の小さなコンピュータ型の人にちがいないと思っている。ま、五〇枚（1枚400字）程度をすらすらと暗記できる人だ。長セリフを要する役者なら別として、コンピュータで代替できる。「考える」ことを秘技だと考える必要はない。「考える」と思われてきた暗記、計算、判断、診察能力等々は、ほとんど機械、とりわけ自動電子計算機で代替できる。じゃあ、機械で代替できない、人間だけにできる「考える」能力とは何か？

計算不能な能力で、大雑把にいえば、古川俊之がいうように、「夢」を見る力だ。コトバだけが紡ぎ出すことのできる能力といっていい。「理想郷」とは、ユートピア（u-topia）で、どこにもない場所だ。「理想」（idea）というが、コトバだけでできあがっているもの、あるいは言葉だけで紡ぐ力のことだ。「理想」は「悪夢」（dys-topia）と、「創造」や「想像」は「捏造」、「虚像」と表裏一体である。

「考える」力は、コトバが創り出す「神」と「悪魔」の力を併せもつ、人間だけに備わった能力である、といえるだろう。創造力を「聖化」する必要はないが、「魔力」に怖じけつく必要もない。

「世界」つながる

コンピュータの最大の力は、地球上のあらゆるものを、さらには、可能性としては宇宙大をネット（網の目）でつなぎ合わせる力である。たんにコミュニケーション（伝達・交換・共同）力といってもいいが、媒体が何であれ、本体はコトバである。

だがよろこんでばかりいられない。世界は「一つ」になる。グローバル・ワンだ。グローバリズムは進行する。

コンピュータ社会で主役を演じる国語〔言語システム〕は、いまのところ、英語（米語）である。アメリカがよほどの失敗を演じなければ、当分、英語の地位は揺るがない。

この趨勢のなかで、日本人やチャイナ人が、日本語や漢語という地方語を使っているかぎり、この社会では地方（a locality）住民にすぎない。じゃあ、日本語や漢語を英語に置き換えていったらどうなるか。日本は、日本人は、日本文明は衰滅する。チャイナも、チャイナ人も、チャイナ文明も同じ道を歩む。「遺物」になる。歴史遺産になるのだ。

じゃあ、日本人が日本語とともに英語を習得したらどうなるか。バイリンガルだ。ビジネス英語の読み書きに習熟する程度ならば、日本人の一〜二割程度はバイリンガルになることができるだろう。

だがその労力たるや、半端ではない。スタートラインで、日中は、英米に引き離される。ちょっと英米文学や、諸科学の世界に足を突っ込もうとするなら、日本の歴史や文学へのたしなみは、大きく殺がれることになるといっていい。

たしかに日本にも、斉藤秀三郎（『熟語本位英和中辞典』1915）や新渡戸稲造（Bushido 1900）のような英語の達人はいた。しかし、彼らが英語の習得に費やした時間と労力は、いかほどのものであったか、どれほどの犠牲を彼らに強いたか、ははかりしれない。

総じて、日本やチャイナのような高度文明国が、自国の言葉を日常でも、特殊領域でも使わなくなったら、その文明の衰退は決定的になる。この自国語の問題をどうするか。日本と日本人は、まだ解答を出していないのだ。コンピュータ時代、グローバル時代の最大難点に思える。

7 「人間」が変わった

一九六〇年代、「高度資本主義」という言葉がはやりだした。

このターム（用語）を使い出したのは、マルクス主義経済学者のウェルナー・ゾンバルト（1863〜1941）で、『高度資本主義』（Hochkapitalismus 1928）を書いた。

だが、六〇年代、情報社会の始動を受けて、ダニエル・ベル（1919〜2011）の『脱工業化社会』（post-industrial society 1962）等が現れ、一世風靡するようになった。

「ポスト」（post）とは「後期」のことで、あいまいなタームだ。

「ポスト資本主義」が正確な名で呼ばれるようになったのは、コンピュータ社会の進行のなかで、生産中心社会から消費中心社会へ、産業資本主義から消費資本主義への転換がはじまったからだ。この過程で、「情報」と「消費」を国家管理・統制＝抑制する中ソの国家社会主義（共産主義）が崩壊した。

消費資本主義は、一九七〇年を本格始動とし、一九九〇年代に離陸した資本主義の一変化としてつかむだけでは不十分だ、というのがわたしの考えだ。人類史が、前期と後期に分かれるくらいの大きさをもった画期がはじまったのである。時代が変わる。人間も変わる。生活が変わり、したがって読む本も変わる。当然だ。

7・1　一生で読む本の量が変わった

長寿社会

少子高齢化で、人口が減ると、社会が暗くなる、まず元気でなくなる、というようなことをいう人がいる。「愚痴」に近い。

だが第一に、「若者」や「老人」の概念が変わったのだ。人生の「設計図」が変わって、当然だ。「生涯現役」などというのは、早死にしなければ無理だが、七五歳まで「現役」でいられるのだ。「現役」にはそれに相応しい知的トレーニングが必要である。知的訓練を怠って、「生涯現役」などとは片腹痛い。

人生を四区分してみよう。

1　前期　三五歳まで　仕事で「一人前」になる

2　中期　五五歳まで　第一の仕事＝課題を終え、第二の仕事の準備期
3　後期　七五歳まで　第二の仕事期
4　晩期　七六歳以上　一〇〇歳以上が「普通」になる

コンピュータは進化をやめない。なぜか？　機械にはちがいないが、「コトバ」でできているからだ。コトバが創り出すものを、コンピュータの手を借りて、人間は作ろう、実行しようとする。人間は「夢」で欲張りだったのが、現実でも欲張りになることができるようになった。「孤独死」を悲惨なことのようにいうが、「孤独」でも長寿が可能になったのだ。

第二に、「人口問題」とは、ほとんど常に、人口増をどうコントロールするかだった。日本はそれでなくても人口過密だった。「限界集落」などと命名する前に、むしろ研究すべきは、一人でも、過疎地でも、堂々と生きてゆくことが可能な生活術を明示することだろう。

第三に、都市はどこでも（というわけではないが）過密だ。わたしの経験則では、過密と過疎を往復する生活を四〇年続けてきたが、これはなかなかどうして、いいのだ。

第四に、読書を生活の糧とすれば、高齢生活は少しもこわくない。退屈しない。そう、

人間は最長寿生物（限界寿命一二〇歳）で、死ぬ（ちかく）まで「元気」でいられるのだ。

消費中心社会

「浪費」は「悪」だ。「倹約」は「善」だ。これがこれまでの人類の「道徳」であり「政治経済」だった。『論語』から山本七平『「空気」の研究』（1977）まで、このモラルは変わっていない。

一九五〇年代の少年期、自営業の家の子が「本を読む」のは、仕事（手伝い）逃れ以上を意味した。本＝有料＝ムダに時間と金を空費する行為とみなされた。いま、本（たとえマンガでも）を読んで叱る親がいるだろうか？「ムダ」に時間も金も費やす時代になったのだ。

消費資本主義である。もちろん、生産業《インダストリ》は従来以上に効率化（生産性）を高める必要がある。高まる。じゃあ、生産の「目的」は何か？「消費」である。「消費」の目的は何か？「生産」（再生産）である。拡大再生産があって、はじめて経済が正常なのだ。

ところが「消費のための消費」＝「浪費」こそが「生産」の目的となった社会に、すでに先進国は足を踏み入れたのだ。未知の社会だったが、はたして異常な社会だろうか？

そんなことはない。「腹」の足しにはならないが、「夢」の足しにはなる、かっこよくいえば、「先行投資」をする社会なのだ。が、そのほとんどは「ムダ」に思える。そういう社会をわたしたちは生きている。

わたしは、二年浪人し、一一年間大学にいた。研究職の口は閉ざされていたが、三三歳で、ようやく友人が地方短大に引っ張ってくれた。幸運だった。だが、一八歳から三三歳まで、この一五年間は、浪費だったのか？ そうは思わなかった。というか、思いたくなかった。浪費＝空費にしないためには、「成果」を出す、それ以外になかった。「じゃあ、出してやろうじゃないか。」である。そのとき（わたしは知らなかったが）時代転換がはじまった。幸運だった。

「本」を読むことが、ムリでもムダでもなくなった。コンピュータ＝消費社会の到来である。「本」に生きるが、普通の素敵になった。

グローバル社会

日本社会は、すでにグローバル社会のまっただ中にある。政治経済はとくにそうだ。

問題は、日本人が、日本語が、日本の労働者が、「鎖国」策（exclusive policy）を続けていることだ。日本の最困難点である。これに比べたら、少子高齢化など物の数ではない。日本人が英語をものにするのは、「読書」なしには不可能だ。日本語は世界各国語に翻訳可能なほど可塑性があり、生命力が強い。同時に、英語を自在に操る人が日本語を読み書きできるほど堪能になるのは、とても難しい。だから、日本人が変わるしかないのだ。

日本人が、政治経済だけでなく、文化とりわけ文学でも世界で同等程度の活躍ができるためには、英米語の「読み書き能力《リテラシイ》」(literacy)、すなわち〈その時代を生きるために最低限必要とされる、素養。昔は読み・書き・そろばんだったが、現代では情報機器を使いこなす能力だとされる。〉(新明解国語辞典)が必要だ。

じゃあ、どうしたらリテラシィが可能か、といわれたら、促成法(forcing culture)はあるが、速成法(short course)はない、と答えざるをえない。ま、日本語がきちっとできる若者一万人に各一人外人教師を雇い、一年、英米語養成をまかせる。そうやって、養成された日本人もつぎつぎに英語教育に参加する、という一〇年国家プロジェクトからはじめるしかないのではないだろうか。

コンピュータ社会である。バイリンガルの増加は加速するだろう。だが問題はある。日本語力が減退するのでは、という杞憂だ。逆ではないだろうか？　英米語を同時に使うことができると、相乗効果が生まれる。むしろ日本文化のグローバル化に大いに寄与することができる。

シンガポールは英語を公用語として、経済・金融・貿易で世界の拠点の一つになった。だが、「英語圏」に入ったことを意味する（にすぎない）。日本は、日本語圏を守りながら英語圏をも共有する、という贅沢な道しかない。これは日本民族など死滅してもいい、と考えない人なら、取り組むべき唯一の方法なのだ。

7・2 「情報」が命だ

パソコンは必需品だ

もはやパーソナルコンピュータの時代ではない、といわれる。本当だろうか？　わたしたちが使っているのは、すべてパーソナルコンピュータである。それらはすべて、何らかの意味でつながっている。

机の前で仕事をする時代ではない。いつでも・どこでも仕事ができる、移動仕事の時代だ。だが、勉強でも仕事でも、メインは、メインのＰＣですることに変わりはない。もちろん、ＰＣは仕事をする会社にあっては当然だが、家になくては仕事にならない。

パソコンは、情報収集の最大拠点だが、仕事を迅速かつ正確かつ清潔にやりおおせる拠点でもある。

いってみれば、パソコンとは、机・書棚・ノート・本・原稿用紙・鉛筆や万年筆、郵便、電話、写真、書店、その他諸々なのである。パソコンで、会社に、学校に、恋人に、家族に、その他もろもろの組織や場所につながっている。

もちろん、パソコンがなくても、生活を満足して送っている人はいる。パソコンを拒否するところに、真の人間の生活を見いだすことができる、と考えている人もいる。それは自由だ。

だがパソコンがなくて、仕事がスムーズに進む人の生活は、よほど例外となりつつある。それでもかまわないが、次の世代に同じことを望めはしない。足から、馬車に、馬車から自動車に、そして飛行機に、と移動手段が変わるのを止めることができなかったのと、同じだ。

わたしがはじめてハードディスクを内蔵した「営業」用の文書機（パソコン）を買ったとき、機器は優に七〇万円を超えていた。五年ほど使ったのではなかったろうか。非常に重宝した。仕事がはかどった。何よりも、仕事がビューティフルになった。それから、車を取っ替えるのと同じ周期で、パソコンを替えてきたのではなかったろうか。

新機種切り替えのときは、スピードについていけない。だが一週間もするとなれ、一月で少しかったるくなる、というのがコンピュータと人間の性能関係である。

何もそんなに急ぐ必要はない。もっともである。でも、ゆっくり、だらーっとするのと、高速でことを処理するのとは、少しも矛盾しない。それに、コンピュータは、人間を猛烈に消耗させるといわれ続けてきたが、わたしには、むしろ逆である。ついついコンピュータとシンクロしてしまう。

書く時代

「読み書き」という。パソコン（ワープロソフト）は書く時代の花形だ。
1　本を読む。これを万人がたしなむ時代になった。新聞雑誌、広告のチラシから薬局の注意書き、各種電化製品のマニュアル、どれもこれも、読めなければ、日常生活が不便になる。映画評論家の淀川長治（1909~98）の名解説は楽しかった。淀川が活躍した時代、映画評論家の命（の一つ）は、名場面をそっくり記憶し、言葉巧みに再現する能力であった。

2　読むと書くでは、どちらが難しいか？　万人が、「書く」という（だろう）。口では偉そうなことをいうが、書くとなるとまるでダメ、という人がいる。政治家や教師に多い。その書くものが、いうところが、本人にきちんと理解されているのかどうかは、書かせてみればわかる。養護施設の事務長に、年度予算の報告書（総括）と次年度の計画書を提出する段になって、B4各一枚でまとめてください、と注文を出すと、二日徹夜してもまとまらない、と苦渋の表情をされた。

では5項目にまとめてください、と再注文すると、1項目にあれもこれも並べてある。中心がなく、その課題の説明もない。まさに「混雑」であり「混迷」なのだ。それでも、この人、語らすと、熱を発し、いっぱしのことをいう。

3　書くには、理解していないと、きちっと、簡明に書くことができない。ところがパソコンで書くと、これが意外や、書けるのだ。学生にレポートを書かすと、「書けてしまったが、これでいいのでしょうか。」という。まずは読めるから、すごい。

なぜ「書けてしまうのか？」ワープロは「文書機」で、自動的に書けるからか？　そんなことはない。

むしろ、ワープロは、定型文を書くより、自在に書くことが得意なのだ。情報の時代、コトバの時代だ。眼から、耳からドンドン言葉が入ってきている。言語能力は半端じゃおさまらない。

コピー文のように、文字数を決めて、簡潔に、とりわけ短く書くことは、だれにでもできる。（わたしは、四〇〇字の短文を書くことができれば、一〇〇枚、二〇〇枚の長文も自在に書くことができる、と提唱し、実践してきた。）つまり、パソコンは、書くことを特別なことではない、という流れの生みの親なのだ。

教養の時代

敗戦をはさんで生まれたわたしたちは、一世代前の人たちに、「教養」度ではとても敵わない、と思えた。一九三〇年前後に生を受けた人たちの時代、戦前の日本はもっとも「豊か」だった。彼らと比較できるとすると、一九七〇年代前後に生まれ育った人たちだろう。代表格が、将棋の羽生善治であり、野球のイチローだろう。「希望に満ちあふれた六〇年代」とはよくいわれる。だがまだ実に貧しかった。日本人は惨めだった。わたしたちの先生も、同輩も、後輩も、教養度は低かった。

ただし、戦前の豊かな日本の教養水準は、旧制高校生が標榜した「いかに生きるべきか?」という「大正教養主義」(哲学)と、明らかに一線を画していた。「歴史」を主体とした幅広いが奥行きもある教養(=雑学)である。

谷沢永一は小学生ですでに伊藤痴遊全集(全30)を読破したそうだ。幕末明治期政治「講談」と銘打たれたもので、いま読んでこそ読み応えがある。あるいは内藤湖南全集(全16)の日中文化史である。全部が講演の筆録だ。二つとも読みやすい。幸田露伴の『努力論』(1912)や時代小説である。人間ならばだれもが知悉していたほうがいい、知識や技術である。

しかし、情報社会とは、情報(information)が、一部特権者=少数者のものではなく、大衆(多数)が共有できる社会のことだ。「情報」が「教養《カルチャー》」になったといっていい。ただし、「情報」競争の時代だ。最新の情報確保に血眼になりがちだ。だが最大の情報は、常に「歴史」=過去の情報である。歴史抜きに教養など、なきに等しいといってい い。じゃあ、教養とは、過去の産物の習得のことなのか? そんなことはない。「温故知新」である。今に生きている過去、永続する歴史、芭蕉が発したところの「不易流行」だ。

伊藤痴遊の講談は、現代=時代小説である。現代の時代小説は司馬遼太郎の独壇場だ。「教養」は司馬に聞け、といいたいが、司馬に欠けるところがある。消費資本主義を拒絶したのが、司馬だからだ。吉本隆明の著作が不可欠な理由だ。これに山本七平が加わると、教養の時代の概要を窺い知ることが可能になる。

エッ、三人ともパソコンで仕事をしなかったじゃないか？　大丈夫なの、といわれるだろう。パソコンを駆使しないで、パソコンを使って仕事をするのと同じ教養力を示したのが、この三人の著作である。自分の教養度を試そうと思ったら、三人の本を、開いて、読まなければならない。エッ、吉本は難しすぎるって。そんなことはない。難解なところは、飛ばして読んで、いっこうにかまわない。これこそ読書の醍醐味ではないか。

7・3　「本」の社会

日本語の威力

日本と日本人の魅力も威力も、日本語で書かれたもののなかに凝縮されている。本を読むことの最大意義ポイントである。世界の歴史遺産が評判になっている。多くは観光資源だ。だが本を読まない人は日本の至宝とでもいうべき歴史遺産を自ら放擲しているに等しい。

日本人は、八～九世紀に日本国家が成立して以降、つねにとはいわないが、各時代で代表的な「本」(著者と著作)を生み出してきた。幸運であり、世界でも稀有なことだ。『日本書紀』は日本最初の自画像であり、アイデンティティだが、これは漢語で書かれた。紫式部『源氏物語』は日本語で書かれた世界史に誇りうる文芸作品であり時代小説だ。親鸞の『歎異抄』、吉田兼好『徒然草』、北畠親房『神皇正統記』、世阿弥『風姿花伝』、伊藤仁斎『童子問』、芭蕉・西鶴・近松門左衛門の諸作品、滝沢馬琴『南総里見八犬伝』等々、明治維新以前をあげるだけでも、きら星のごとく登場している。

日本語は、漢語をモデルにして成立したが、その国家形成と同じように、独立のシステム(制度=文法)をもつ。この日本語、西欧語との二度の衝突(戦国期と幕末・明治期)を通して、世界中の言語と通約可能なコトバへと見事に変身していった。それでいて、日本語は日本語であることを止まないだけでなく、西欧語等を吸収し、自己充実を図ってきた。

過日、インドネシアの留学生が訪ねてきた。インドネシア文学研究者だという。いろいろなやりとりがあった。どうもピンとこない。失礼とは思ったが、「インドネシアに文学はあるのですか?」と尋ねると、怪訝な顔をされたが、「ある。」という。「何語で書かれたものですか?」と聞くと、「英語だ。」という。インドネシアが自国インドネシア語をもつようになったのは、二〇世紀の独立運動を通してなのだ。

日本語の変異と成熟は、日本国家あるいはその政治経済文化全体にわたる変異と成熟に対応する。それだけではない。日本は、明治末、西欧以外ではじめて列強（powers）になった。しかも、唯一、その植民地に国立大学（京城・台北帝大）を設立し、異民族支配の一機関としたが、同時に異民族の知的人材育成を図ったのだ。

英語＝活字の威力

渡部昇一『英文法史』（１９６５）は、処女作で、ドイツのミュンスター大学留学の成果である。だが、「なぜに英語の歴史をドイツで研究したのか？」という疑問が湧くだろう。英語が「ゲルマン語派の西ゲルマン語系」に属するからなのだ。つまり、英語はドイツ語から分化したのだ。

英語は成立してからほぼ一〇〇〇年だそうだから、古さでは日本語と変わらない。ただし、仏独英等の西欧諸国は、すべてローマ帝国の植民地として「発達」し、その文化圏・言語圏（古代ギリシア語・ラテン語）に属した。英語文学は、シェークスピア（１５６４～１６１６）の作品で本格始動したとされるが、日本の戦国期で、『太平記』よりずっと遅い。

そのイギリスが、先輩のポルトガル、スペイン、オランダ、フランスを尻目に、世界に覇を唱えた。だが、英語は、文化＝洗練《エレガンス》さと学術＝厳密性とにいささか欠ける言語として、したがって、実用と産業に適した語として、低めに見られてきた。（もちろん「偏見」である。）

しかし二〇世紀、同じ英語圏のアメリカ合衆国が、世界の覇権国になり、さらに、二〇世紀末、コンピュータ先進国となるに及んで、英米語が、世界共通語の地位に昇った。

いまでは、政治経済はもとより、かつてはドイツ語だった哲学界も医学界でも、ファッションも、文学も、スポーツも芸能でも、ほとんど英米語が「共通語」としてまかり通っている。（そういえば、スキーのワールドカップで連戦連勝中の、わが高梨沙羅も、ほほえましい英語でインタビューを受けている。）

日本人も、生き馬の目を抜くようなこのグローバル・ワンのコンピュータ社会で生き抜くためには、早晩、英語を第二公用語としなければならない（だろう）。この運命は、中国一〇億の人びとにとってはさらに過酷なことになるだろう。中国はすでに四〇〇〇年ともいわれてきた漢文化の「伝統」を失いかけている。中国人は、そのメンタリティからいって、漢語を英語に替え、そのアイデンティティである歴史伝統をも自ら放擲する挙に出かねないと思えるのは、わたしだけの妄想だろうか？

本の威力

日本と日本人は、もちろん自戒を込めていうわけだが、日本語の「本」をもっと真剣に英訳し、出版・販売する努力を幾層倍にも強めなければならない。

英語もドイツ語も、それにフランス語も、『聖書』を自国語に翻訳し、その普及拡大をつうじて、共通語（国語）となったのだ。

『旧約聖書《バイブル》』とはたんに「本」（Book）を意味する。各書がヘブル語で書かれ、紀元前三～四世紀にギリシア語に訳され、普及されだした。ただし、ローマ圏に住むユダヤ人のためであって、ギリシア・ローマ圏の住民一般に普及したのではなかった。

対して『新約聖書』の各書はギリシア語で書かれた。残っているのは「写本」である。四世紀末にラテン語訳されたが、カトリックは各国語訳を許さなかった。ルターが新約（1522）、新・旧完訳（1534）をはじめて刊行し、自国民が自国語をもつ先鞭を付けた。

『日本書紀』は「神話」であり、虚偽の歴史書だ、といわれる。皇紀二六〇〇年などは、中国四〇〇〇年と同じように、まったくの誇大だ。たしかに、日本建国時の「事情」を反映した、勝利者に都合のいい記述で埋まっている。ことはその通りだが、この日本最初のまとまった自画像が、七世紀までの日本列島の部族対立を反映し、日本と日本人の歴史伝統意識を形成し、日本と日本人の形成に決定的な影響を与え続けてきた、現に与え続けていることも、紛れもない事実だ。

もし『日本書紀』がなかったなら、そのモデルとなった司馬遷『史記』がなかったなら、もちろん北畠親房『神皇正統記』も生まれなかったし、あるいは『源氏物語』なども書かれなかったかも知れない。ならば、『平家物語』はもとより、日本の歴史書、時代小説の類も書かれなかっただろう。それほどに「本」は、強い影響を、「八紘一宇」や「神国日本」等の悪影響も含めて、広大に与えるのだ。

それにもし『日本書紀』が書かれなかったなら、日本国と天皇の誕生が同じである、日本国の伝統《アイデンティティ》が「皇統」にある、という真っ当な観念、民族の無意識が、形成されなかったし、形成されたとしても、とっくの昔に雲散霧消していたかも知れないのだ。

ことは第一級の文献にかぎらない。学生時代、どんな無理をしてでも放送時に自室に戻って観た、「巨人の星」の魔球＝大リーグボールは、いまでも野球観戦のたびに思い出されるのだ。逃げるバットに当てる（第一号）、消える魔球（第二号）、振るバットを避ける（第三号）、そして右で投げる快速球は、まさに大リーグ《メジャー》のボールにふさわしい。

最後に、何十度目になるかわからないほど記したことを、ふたたび記さなければならない。

三〇代の半ば過ぎ、わたしの読書生活を、さらに研究・著述生活を、人生の三分の二をまるごと変えた、谷沢永一『読書人の立場』（1977）に、まったく偶然に出会い、手にとって読まなければ、わたしという存在はどれほど違ったものになっていただろう。本の威力は、しみる。

8 人生の「中心」期、四〇代をどう生き抜くか

ここでいったん、読書術から少し離れてみよう。サービスタイムである。

読書も人生のワンピースである。人生でいちばん困難な四〇代の人生術を中心においてみようというわけだ。軽快にいく。

8・1 四〇代からが、夢を実現する本当の適齢期

四〇代は、夢を実現する実力が現れる時期

二〇代、三〇代で、すでに世間でその実力を発揮し、夢を実現する人がいる。稀だが、実在する。しかし、その夢は、第一段目の夢だろう。社会的評価も、まだ早すぎる夢の実現に違いない。賞賛の裏には、挫折をはらんだ影がつきまとう。

多くは、夢をもっても、実力を発揮できない。そのなかには、一つの夢を抱いて、終生

それを追い続ける人がいる。たいていは、見果てぬ夢であり、実現しない夢だ。きびしくいえば、夢を実現させるだけの実力を蓄えていないからである。

三〇代にふさわしいのは、実力を蓄えることだ。一定の実績を上げたとしても、夢の実現はまだまだ遠い、遥か彼方にある。そのように思える。これはなかなか辛いものだ。ゴールが見えないからだ。ゴー発進したが、それが正しかったものかどうか、判然としないからだ。「いまだならざるもの《ノッホ・ニヒト・ザイン》」である。

四〇代は、それまでの努力が実りはじめる時期である。抱いてきた夢が形をなしはじめる。それに応じて、社会的評価も生まれはじめる。その評価に、周囲も納得しだす。それに応じて、自信も生まれはじめる。

エッ、四〇代にならなければ、夢は実現しはじめないの？　遅すぎるんじゃない。こう思われるだろう。しかし、夢をはぐくむ時期と、夢が実現してゆく時期とは、異なるのだ。どんなにはっきりした夢をもち、それを懸命に追い続けたとしても、それが形になるには、相応の時間が必要なのだ。成熟期である。

とにもかくにも、四〇代は、仕事をはじめとして、人生に熱中できる時期だ。きわめて厳しい時期だが、幸運が訪れる時期でもある。

まだ「上がある」が、四〇代だ

しかし、注意しよう。四〇代は、人生の半ばである。まだまだ上り坂の途次なのだ。そこは立ち止まる地点ではない。停車場があっても、終点ではない。

たしかに、四〇代に、それまで描いてきた夢の実現がはじまる。それに評価がともなう。自信がつく。だが、それは一つの夢の実現の開始にすぎない。その夢は実現されなければならない。たしかに、実現できるだろう。だが、それで満足できるだろうか？　もしそうなら、そのあとの人生は、「余生」の類になる。後は、「年金」生活を待つだけだ、というのは、悦ばしい人生の選択だろうか？　わたしには、そう思えない。

一つの夢が実現すると、大小に関わりがなく、別な夢が現れる。それが、人生一〇〇年時代の特長ではないだろうか？

そうじゃない。一つの夢を、より完全なものにする、これが私の生き方（ライフスタイル）だ。こう思うことはできる。しかし、四〇代とはリストラの時代でもある。好むと好まざるとにかかわらず、自己革新を迫られる時期なのだ。

リストラは、自己革新ではなく、自己減価だ、不幸の類だ。こういう声がある。中高年に自殺者が急増している。リストラという非人間的な、非情な仕打ちが襲っているからだ。

こう声高にいう人がいる。

リストラを、いままでの人生に、もう一つの人生が付け加わるのだ、とどうして思えないのだろうか？　自分の人生の遮断ではなく、新しい人生の開始である、とどうしてみなすことができないのか？　リストラ問題の正しい対応には、人生観の転換も含まれている、と思うが、どうだろう？

8・2　甘やかしすぎず、厳しすぎない自分とのつき合い方

計画と点検のある生活

四〇代には、自分の生活に、とりわけ仕事に、一定のスタイルができあがっている。（まったく無定型なスタイルもそのうちに入る。）自分のスタイルで、実績を上げてきた人は、そのスタイルにますます自信を深めるだろう。さしたる実績をあげてこれなかった人は、自信を失い、スタイルの変更を迫られるだろう。

いずれの場合も、「自分に甘く、他人に厳しい」のが人間の本性である。自然感情だ。自信を深めた人は、逆に、リストラに対応できなくなる。それが、完全な自信喪失につながる。実績をあげることができなかった人は、スタイル変更に半信半疑になる。ニュース

タイルにとまどうわけだ。

いずれにしろ、四〇代というのは、自分の生活スタイルを点検する時期にさしかかっているのだ。必要ならば、修正を加えなければならない機会である。

重要なのは、従来の、力任せの、あるいは、場当たり的な生き方を切り換えることである。つまり、一定の自己抑制がきいた生活スタイルが必要になる。それが四〇代なのだ。計画と点検のある生活である。

しかし、過大な計画も過小な計画も、厳しすぎる点検も、甘すぎる点検も、ないほうがましである。有害無益だ。わたしは、一年計画、一年点検を心がけてきた。しかし、これはかなりの程度、生活スタイルが確定して後のことである。

セルフコントロールのある生活をはじめようとするなら、実現可能な、否、実現する計画と点検から始めるのがいい。きちんと予定が立ち、その予定を見据えて実行に移し、点検することができる、一定の計画期間を決めることが、重要なのだ。

もっとも勧めたいのが、一週間計画・点検である。一週間を一ブロックとして、計画を立て、実行の結果を点検してゆくスタイルである。

一月計画・一月点検から、一日計画・一日点検へ

ところが、日本人には、週給制に馴染みにくいのと同じ事情が、一週間計画・点検にも当てはまる。とりあえず、一月計画・一月点検から始め、それが軌道に乗ったら、週間計画を取り入れるといいだろう。ま、一月は四・週間だと思えばいいのだ。

重要なのは、一定の期間に、一定のことをきちんとトレーニングする習慣を身につけることである。一月のあいだに、これだけはする、と決める。最初は、時間で決めるといい。

一月に、単行本（平均三〇〇ページ）を四冊読む。つまり、一週間に一冊だ。エッ、そんなに読めないって。一冊一二時間かかるとして、一日二時間である。月に六〇時間を読書に回す。最初は、ずいぶん過重に思えるだろう。

だが、冊数は別にして、一日二時間、月に六〇時間程度を読書（活字を読む・情報を読むこと）に回さなければ、たいした知識や技能は身につかない。身につけようという意欲が湧かない。こう思える。

しかし、読書に、月三〇時間。今やっている仕事を磨くのに、月六〇時間。新たに見つけよう、あるいは、めざそうとする仕事の準備やトレーニングに、月六〇時間。ま、この程度の大雑把さで、時間割をしたらいい。それでも、月一五〇時間、「仕事」時間以外の

時間を設定することになるのである。一日に直すと、五時間である。大したものだろう。

イヤー、大変だ。遊ぶ暇なんかないじゃないか。そう思える人は、月に休日を平均一〇日と勘定すると、その半分をまるまる「勤務」以外の「仕事」時間に参入するといい。五×八＝四〇時間である。読書時間をまるまる当てても、余る。

見られるように、一月単位の計画・点検にしても、一日単位の計画・点検で調整するのである。一日単位では、どうしてもデコボコがでるから、一月ブロックで計画・点検をすることからはじめる。しかし、慣れると、一日計画・点検で進んでいることに気づくだろう。

8・3 自分勝手なひとりの時間が、大きな差になる

時間は、一人だけの空間から生まれる

月に一五〇時間も、自分の時間をもつ。勝手すぎないか？　こういう声が、自分からも、家族からもあがるに違いない。

一つは、妻や子どもたちは、それ以上に自分が勝手にできる時間をもっている。文句があるか、である。

二つは、自分の時間をもつ、これが一人前の自立した人間の、真っ当な生き方なのである。この時間がなければ、リストラを乗り越えた、四〇代以降の（夫の）自立した人生は開かれないのだ。

もっとも、特に反論する必要はない。家庭のなかでも、親が、夫が、計画と点検のある生活をはじめたら、誰が文句をいえるものか。

家族から真っ先に、自分勝手と思われる時間は、自分だけの時間である。家族から切り離された、一人だけの空間が必要である。間違っても、家族とともにある時間、家族と共用の空間ではない。

ところで、月に、一五〇時間である。年に、一八〇〇時間である。これだけの時間を、現在と未来のあなたの人生のために注ぎ込むのである。五年間で、九〇〇〇時間である。こう考えただけで、わたしなら、ぞくぞくっとする。（「鳥肌が立つ」などという「誤った」言葉の使い方はしたくない。）この時間を有効に使う人と、そうでない人の差が、将来、はっきり現れる。そう思えないだろうか？

しかし、一日に換算すると、四時間である。プラス、五休日だ。ただし、わたしなら、一日一時間の読書時間は、トイレ・タイムで消化してしまう。つまりは生活必需時間に取り込むのだ。通勤の人は、通勤時間で消化できる。五休日は、別に転用できる。一日三時間ですむわけだ。ま、そんな細かいことはいいだろう。

家にマイ・スタディ（個室）をもつ

何度も強調したが、自分勝手の時間をもつ最良の方法は、自分だけの空間をもつことである。

映画館は暗い。自分だけの空間だ。画面に集中できる。自分だけの時間がそこにはある。誰か他人と、たとえ恋人とであっても、映画をともに見るのを避ける理由である。

自分のための時間は、自分だけの空間から生まれる。こう思って欲しい。本当に集中すれば、誰がいようと、どんな邪魔が入ろうと、自分だけの空間が生まれる。自分だけの時間になる。しかし、常人には無理だ。できない相談だ。

これは何度でも強調したいが、どうして立派な大人が個室を、それも、仕事場をもとうとしないのだろうか？　子どもが個室をもっているのである。まったく本末転倒である。

個室をもとうとしないのは、家で仕事をするな、ということだ。正確には、家で仕事はしない、という表明なのだ。ところが、ソーホー（SOHO　small office home office　小規模事業所・個人事業所）の時代、在宅仕事の時代といわれているのである。情報時代、「家」でする仕事がドンドン増えている。家に仕事場をもたなくて、どうする。

つまり、個室といっても、家族から隠れる空間ではない。安息の、ましてや、避難場所ではない。従来の書斎といわれる個室は、「男の隠れ家」といわれたが、書斎（スタディ）とは、紛れもなく研究室であり、実験室であり、仕事場なのだ。

一日二四時間のうち、毎日三時間をこのスタディで過ごす。ダンディになるためではない。「男」（大人）を磨くためではあるが、新しい人生を切り開くに足る力をつけるためである。

過日、私設助手（女）が家を建てるという。「仕事場はあるか？」と聞くと、「手狭だから、とれない」という。「バカモン！」と怒鳴った。夫君は編集者である。「狭くてもいい。厳密に個室でなくてもいい。共用の、できればそれぞれの仕事場が必要ではないか。」こういってやった。その後、聞き直すことがあった。仕事場を作ったそうだ。

8・4 今からはじめる、すぐに実になる勉強法

第一に、自分の仕事を磨く

四〇代は、リストラ（転職＝ステップアップ）を視野に入れた、エデュケーション（教育）、トレーニング（訓練）が必要である、といった。しかし、特別のことではない。リストラというが、まず第一に必要なのは、現在の自分の仕事力を磨くことである。そのための自己教育と自己訓練である。まず、これに集中すべきなのだ。

したがって、三〇代から四〇代にかけて、とりあえずは右往左往する必要はない。自分のいまある能力を磨くことだからだ。その能力をあげなければ、あなたは、早かれ遅かれ、リストラの対象になる。あなたの価値（価格）はドンドンさがってゆく。そういうことだ。

自分の仕事力を磨くといった。目安としては、三〇代の能力を倍加することだ。同じ仕事を、三〇代に八時間でできたとしよう。四〇代には四時間でこなすことができなくてはならない。

えっ、逆だって。三〇代は力が満ちていたから、四時間でできた。しかし、四〇代は力が落ちた。八時間かかる、だって。たしかに、自己教育も、自己鍛錬もせずに、なんの技

能蓄積もないままきたのなら、そうなっても仕方がない。ならば、あなたは「能なし」の烙印を押されても、文句がいえない。他の誰でもなく、自分を呪うしかないのだ。整理の対象になって当然である。

四〇代に能力を倍加したら、リストラの対象にはならない。それに、リストラとは、「整理」という意味だけではないのだ。基本は、「立て直し」である。もし、職場でリストラの対象にならなくとも、いまの仕事の延長ではなく、別種の仕事に「飛躍」することを含むのだ。

あなたが、自分の仕事の能力を倍加できたのなら、あなたは、もう一つの人生をはじめる有資格者になった、といおう。

もっとも安上がりで簡単なのは読書だ

あなたの現在の仕事力を増加させる勉強法で、サービス関係であれ、技術関係であれ、肉体関係であれ、もっとも簡便なのは、読書である。

まず、仕事関連の書物を読む。各種の体験的な知識や、あるいは自分の仕事の背景や、その仕事をさらに深化させる方法を学ぶことができる。それを実地に移してみることで、その効果のほどをはかることができる。

読書で重要なのは、そこから学ぶことだけではない。学ばないこと、モデルにしないことを見いだすことも重要なのだ。本のなかにある知識や技術と比較して、自分のほうが優れている、と発見をすることも、大切だ。つまりは、本の著者や、そこに書かれているケースと、競争あるいは対立関係に立つことになる。

宮本武蔵は、吉川英治の原作によると、姫路の白鷺城に閉じこめられていた三年間の自学自習の修行の後、かつては足利将軍の指南役の道場、京都は吉岡の門弟をなぎ倒すほどの技量の持ち主となってあらわれる。

これを読んで、そんなバカな、と思えた。ま、武蔵は「天才」だったのだから、そのような飛躍も可能だったのか、と思い直した。それに、三年間、天守閣の闇の中で暮らすなんて、ありえないことだから、人知れず（あるいは、周知のなかで）、猛特訓をしたに違いない、と推測した。もちろん、吉川英治が書くように、万巻の書を読む学習も特訓の一つだったのだろう。

こういう読書の仕方は、自分のトレーニングと比較してのことである。受験時代や、大学時代の数年間と比較して、武蔵の修行法に、特に驚くべきことはない、と思えた。大学の専門課程と修士課程の約四年間で、一つの分野で研究に集中すれば、その分野にかぎっていえば、ゆうに指導教授を抜く仕事力を身につけることができる。これがそれほど稀なケースではなかったからだ。

8・5　ない時間は生み出すしかない、時間活用術

誰でもできる方法　早起き・雑事励行

四〇歳になって、自己トレーニングだなんて。たしかに、足腰は弱った。体力増強トレーニングの間違いではないか？　こう思うだろうか？

何度もいうが、頭脳も立派な体力、最も重要な体力なのだ。そこが弱ると、老化がいっぺんに進行する。毎日鍛えないと、ドンドン退化してゆく。それに、筋力と違って、再生は不可能なのだ。これもまた脳の特性である。

トレーニングには時間がいる。四〇代はもっともいそがしい。家庭でも、職場でも、余った時間などない。それればかりではない。時間はいくらあっても足りないのが、四〇代ではないか？　こう考えられて当然だ。

しかし、忙しいから、時間を捻出する必要が生じるのである。「捻出」とは、ひねり出

すこと、無理算段することだ。でも、心配無用。一日二四時間は、なかなかに伸縮自在である。

まずなによりも手っ取り早いのは、早起きである。六時までには、仕事を始めていよう。次に、雑事に慣れよう。雑事を、迅速かつ的確に処理しよう。仕事でも、仕事以外でもである。

早起きの効用は、時間創出法にかぎらない。

第一は、早起きは、慣れるとわかるが、気分がいい。すがすがしい。薄暗い時間に起きて、なにごとかをしながら完全に夜が明けるまでの時間は、本当に気分が更新する。

第二は、一日の最初に、まず何ごとかをした、という充実感は、その日の残りに、余裕をもって立ち向かうことができる。「先手必勝」の気分、とでもいえるだろう。

雑事とは仕事以外のことである。それを迅速に処理できるかどうかは、仕事の進行を大きく左右する。何、難しいことはない。雑事に真剣に取り組めばいいのだ。すぐに、雑事のエキスパートになる。

仕事時間に全力を

時間創出法で最も重要なのは、いうまでもないが、自分の仕事時間に全力を出すことだ。全力というが、第一に、集中力である。第二に、持続力である。つまり、特別メニューの時間帯を創出する必要は、とりあえずはない。

集中力と持続力というが、つまりは、仕事能力を上げることである。

締め切り以内に、同じテーマ、それぞれの小項目（ほぼ50項目）は違うが、同じ枚数を書く、ということを五人でやったことがある。他の人には、自分の好む小項目を選んでもらった。締め切り厳守にした。（できていようがいまいが、締め切り時に提出する、ということだ。）

Aは、ほぼ完璧な原稿を出した。すばらしい。Bは、内容はまあまあだが、文章が硬い。不明な点もある。Cは、内容はまずまずだが、各項目の枚数がばらばらである。Dは、三分の二はほぼ完璧だが、約三分の一が空白だった。

いちばんやっかいだったのは、Bである。文章を直すのには、手間がかかる。たいていは、完全に書き直さなければならない。これは文章を書くトレーニングを積んでいない証拠である。Cの、枚数のばらつきをそろえるのは、そんなに難しくない。

Dには、残りの三分の一を書く時間を与えた。その間に、わたし（鷲田）は、自分の文を書きはじめ、B、Cの分を手直し、整理した。私の仕事が終わったとき、ちょうどDも仕事を終えた。

Aは、ひごろから書くトレーニングを積んでいるだけでなく、書く実績もある。BとCは、明らかに、能力というより、トレーニング不足である。Dは慎重型で、時間がかかる。しかし、これはそのうち解決するだろう。おそらく、仕事に集中すれば、BもCもDも、水準力を確保するだろう。ただし、仕事に集中と持続の習慣を励行すれば、の話だ。

ここで「書く」を「仕事をする」に変えてみてもらいたい。仕事に全力で励む意味がよくわかるだろう。

8・6　読書からはじまる人生の師との出会い方

読書は「本」次第

読書はもっとも簡便なトレーニングである、といった。簡便といったが、手軽という意味ではない。最も重要なトレーニング法なのだ。始めるは易く、続けるは難しい。

わたしたちは、たしかに、親、学校の先生、先輩、同僚、上司、友人等々の生身の人間を通して、さまざまなものを学ぶ。これらが貴重なこと、いうまでもない。しかし、高度知識、技術社会である。その知識も技術も広大である。千差万別だ。グローバリズムというが、地球大ということだ。一人、ないし、数人の人によって直接教えられる知識や技術は、どんなに重要だといっても、たかが知れている。その大部分は、自分で学ぶしかないのである。情報を通して、学ぶ。とりわけ、「本」から学ぶのだ。

本も情報媒体の一つだ。他の映像メディアとか音響メディアを通した情報獲得と、活字を通した情報獲得の違いは、重要である。活字からできあがっている本から情報をえるためには、なによりも、精神の（体力もだが）集中力と持続力が必要である。専門書には、一定の知識の蓄積が必要になる。

つまりは、書物には、基本的に、主体的・能動的な精神の活動力が要求される。本（読書）が、映像や音響メディアのような、（比較すると）受動的なメディアとは、異なる点だ。

本を読むと、集中力と持続力が身につく。これが読書の第一の効用だ。本を読む習慣のない人が、仕事をするさいのハンディキャップは、精神の集中と持続の欠如にある、と思って間違いない。

その上でいえば、読書一般がいい、というわけにはゆかない。内容次第である。第一に、論述が明解だということだ。読んで理解できる本である。専門書でも、この点は同じだ。

第二が、役に立つことである。「有用」というのは幅広い意味を含む。

第三が、楽しい、興味あることだ。その意味で、ワンダー（不思議）やサプライズ（驚き）のある本が、望ましい。

人生は「先生」次第

読書の効用は、有用な知識や技術を学ぶことだけではない。おもしろく楽しいだけではない。最大の効用は、人生のモデルとなる「師」（先生）との出会いにある。わたしの経験則に照らして、こう断言してみたい。

本に登場するモデル（英雄や人生の先達）だけでもない。もっとも望ましいのは、師とするに足る著者の本に出会うことである。現役の著者なら、最高だ。

もちろん、先生（著者）が一人である必要はない。それぞれの分野に一人ないし数人いることもあるだろう。しかし、「この人を見よ（倣え）！」という著者が一人いたら、こんな幸せはない。

そういう著者の本は、端から端まで読み尽くしたいものだ。それだけではない。その著者が、参照したり推奨する、これぞと思う本も、読んでしまいたくなる。

「お前にいるか?」と問われれば、「いる。」と明言できる。三五歳のときにであった。まったく偶然に、一冊の本を買って読んだことがきっかけである。特に有名な人でなかった。もちろんベストセラーの類とも違う。谷沢永一『読書人の立場』という地味な書物エッセイである。

それから約四〇年間、谷沢の本に導かれて、どれだけ読書の範囲が広がったことか。それにもまして、人生が充実したことか。はかりしれない。私的にいえば、谷沢以前と以降で、わたしの人生の色合いまで違うようになったのである。本は人生の「師」でもあるのだ。

8・7　今からでも間に合う、四〇代からの「遊び」道

遊んでから働くか、働いてから遊ぶか

仕事の中に、人生の幸福の拠点がある。仕事に熱中しなさい。仕事力を磨きなさい。こ

う言い続けているようである。その通りなのだ。

しかし、集中と散漫である。緊張と弛緩だ。仕事のない時間、仕事を思いっきり忘れる人生期間も必要である。不可欠といおう。もちろん、わたしも、大いに弛緩することが好きだ。実際、遊んでいる。遊んできた。

定職をもったばかりで、まだ余裕の金がなかった三〇代である。朝早く伊賀上野（現伊賀市）の南端にある家を出て、中央本線を鈍行でたどり、夕刻、新宿にすべり込む。それから看板まで、友人の店で飲み続ける。翌朝の帰りは、朦朧となりながら、新幹線に乗って、昼前に家にたどり着く。（用事のあるときは、もう一日滞在する。）月に一度、無理算段をして、こういう荒技を続けた。何か、体に溜まった「しこり」みたいものが、全部吹っ飛んだ（感じがした）。活力が新たに湧いた（感じがした）。仕事がはかどった。

わたしは、ゲーテがいうように「昼間の労苦、夜の快楽。」を通則とする。まず遊ばないと、仕事に熱中できない人もいるだろう。どちらでもいい。

しかし、経験則でいうのだが、仕事を存分にしてから、遊ぶほうが、楽しい。仕事を抱えながら、その行く末を気にしながら、解放感を味わおうと思っても、たいていは満足できない。中途半端になる。

しかし、後・先いずれにしろ、忙しい仕事の間隙を縫って、遊ぶことが、ことのほか楽しい。異論はないだろう。遊ぶ楽しみは、熱中する仕事があるかどうかにかかっているのだ。「遊びの後に、また遊び」、という人生は、どうも白々しい、充実感がない、と感じるのは、貧乏根性だからだろうか？　そうではない、と強くいいたい。

「遊び」の最大道は「仕事」だ

定職のある時代、週二日、札幌は歓楽街のススキノで飲むのを常としてきた。飲むと、乗らない、帰宅できない。そういう遠距離にススキノは位置する。飲むが、仕事の延長で飲む、という人がいる。私のは、純粋の楽しみとしての飲み屋通いである。仕事が介在するのは、稀である。同僚とは飲まない。

ときにいわれることがある。「毎日、毎日飲んだくれていて、いつ仕事をするの？　いつ書くの？」と。自分では、自惚れでなく、人一倍仕事をしているつもりである。仕事が一段落して飲む。これが楽しい。

しかし、ある時期から、飲むのは、仕事のストレスを取るためだ、ということに気がついた。（けっして、飲む口実のために、これをいうのではない。）もう少しいうと、こういうことだ。

わたしの本業である教師の仕事以外に、仕事をするのは、それが好きだからだ。誰に頼まれたわけでもない。しかし、わたしの「遊び」の二大事業（大げさ⁉）である、「酒」と「ボランティア」（これもほとんど飲むことが主機能になりつつあるが）は、仕事のストレスを解消し、新しい仕事をする活力の源である。

それで、はっと気がつくことがある。わたしの遊びは、仕事のためである。仕事のサーキットトレーニングに似ている。硬直した頭の「筋肉」をほぐし、「血行」をよくするためのもの、というわけだ。仕事の遮断ではなく、仕事に連結しているのだ。

こう思えると、なるほど、わたしの仕事好きは、特に物珍しいことではない。一つの仕事からもう一つの仕事へは、実は、「仕事」から、仕事という名の「遊び」への移行に違いない、と納得できるのである。かく自己弁証＝弁護術を駆使するが、自分以外を納得させることは難しい。

実際、これだけ人生が長くなり、これだけ休日が増えたのである。「仕事」が最大の余暇になって、なんの不思議もないではないか。

8・8　手間も暇もお金もかける、食の愉しみ

何でも食べるのが人間だ

「人間は、その食べるところのものである。」といったのは、ドイツの哲学者フォイエルバッハである。そして、人間は何でも食べる。あらゆる対象を食の対象とすることができる。特定のもの（食材）に限定はない。食べることのできるすべてのもの、いってみれば「普遍」を対象にする。

食の対象の普遍性は、人間の普遍的な能力を物語っている。食通は、美食家（グルメ）といわれている。しかし、人間は、粗食も美食も辞さない。何でも食べる。食べることができてこその食力である。食の能力の大きな人は、美食家でもあるが、大食家（グルマン）でもある。

食の細い人、極味の食しかしない（などという）人は、偏食の人である。偏食、偏見は人間の特色だが、優れた偏食、偏見の持ち主は、万食、万見（普遍識）にもなみなみならず通じている人なのだ。

その食に、人間、手間も、暇も、金もかけて当然である。残念ながら、若いとき、暇は

あったが、金がなかった。たらふく食べるのもままならなかった。腹をふくらませようと思えば、頭のほうへ入れるもの、本代や映画代を削らなければならなかった。

それでも、貧しい財布から、最初は自分で、結婚後は妻が、工夫を凝らして、食をひねり出した。これはこれで楽しみだった。

バブルの時、一席一〇万円などという食事が現れ、しかも、列をなすというようなことがあった。一度食べたが、やはり食は、手間暇と金とのバランス加減がよくなければならない、ということが知れた。高すぎると、少しもうれしい気分にならないのである。

それに食は、「同じ釜の飯を食べる」というとおり、ともに食べる友だちがいて、いっそうおいしさが増す。四〇すぎてから食べることが好きになるのは、食べる時間を共有する友人ができることと関係ある。

食は頭で食べる

食は胃袋でする。人間の胃は、食せるものは何でも消化する。しかし、人間の食の特長は、頭で食べることにある。頭は、万物を、魑魅魍魎の類でも食べる。

もう、かなり前のことになる。友人が相談にきた。S学会がある。大学時代の友人が来る。T大の人類学の教授である。運悪く、別な用事でハワイにいる。後生だから、接待して欲しい。こういうのだ。友人も、T大教授も、女である。まあ、仕方がない。

会って、食事をする段になった。当時、天才に違いないと思えた鮨職人が贔屓だった。江戸前である。そこに案内した。しかし、この教授、「青ものはダメ。食べると、恐ろしいことになりかねない。」とおそろしく真剣な顔でいう。「そんな恐ろしい目に遭わせることはしません。」と約束した。

北海道の初夏である。青ものが旬だ。いちおう「青ものはダメ。」と断った。そこはへそ曲がりの職人である。わたしには、一見して青ものとわかる鮨ネタが出てくる。ただし、青ものを食べたことのない人は、それとはわからない。一つおそるおそる摘んだ。「うまい！」と感に堪えない声が出た。二つ目、声が出ない。すぐに喉を通る。三つ目、ようやくじっくり味わう余裕ができた。四つ目で、はじめて、「ネタは何ですか？」と聞く。

一つ目から、鰊《ニシン》、鰯《イワシ》、ご存じの鯖《サバ》、細魚《サヨリ》の順。さすがに、「だまされた！」とはいわなかった。この生意気な教授、「全然、青ものとはわからなかった！」と正直にいう。

青ものは食べられない、食べたくない、という理由にいくつかのパターンがある。あえて、そんなことを教授に聞かなくていい。青ものは美味しい、正確には、青ものにも、美味しいのと美味しくないのとがある。ごく当然なことを、教授は、頭で美食を拒絶していた、と確認したのだ。「食は、頭で食べる」の一実例だ。

8・9　楽しみながら大事なことが学べるお酒の場

マナーと知識の場　老人と飲もう

酒場に出入りするようになったのは、三五歳を過ぎる頃だった。新しく同僚になったU助教授（女）のエスコートによる。場所は、新宿はゴールデン街の二軒の店で、初心者が、最初に入る店ではない。それも、三重（県）から出張って飲むのだ。

とにかく、緊張した。酒を飲むのがこんなにもデリケートなのか、マナーが必要なのか、をはじめて知った。大学時代は、先生も学生も、飲むと騒いだ。大声で怒鳴りあった。ストレスのはけ口一辺倒で、まるで喧嘩場であった。

札幌に戻って、ススキノの一軒の居酒屋に出入りするようになった。四〇代のはじめである。ここも大声が飛び交ったが、秩序があった。身分制というか、階級制があったからだ。相撲の番付である。当然、番付に応じたマナーが要求される。ときにそれを破る客もいたが、店主をはじめとした酒場同人から、総スカンを食った。退場勧告である。

酒場には、きちんとしたマナーがある。知識が知識として大切にされる。それに、老人がいる。威張り倒し屋の嫌味なヤツもいるが、歴戦の戦士で、若者をこよなく愛する紳士もいる。知識も存分にもっている。そういう老人に会うことができ、心おきなくつきあうことができるのは、おそらく酒場をおいて他にないのではないだろうか?

もし、この酒場で、私より一回り先輩のTさん、二回り先輩のKさん、少し先輩のTTさん、そして店主をはじめとする女軍団に会うことがなかったなら、わたしなどは、たんに鼻っ柱の強い、世間知らずの飲み助になっていたに違いない。

酒場は、四〇代が真の男になるための「学校」である。こういってみたい。残念ながらというか、当然というべきか、酒を飲む量の多さの順に、酒友たちは死んでゆく。もちろん、葬式は、酒場が万端整える。慶弔の嫌いなわたしでも、葬儀委員長を買ってでもする場合がある。

好奇と興奮の場 異性と飲もう

わたしが本格的に酒を飲みはじめた頃、酒場に深夜まで女が腰を据えているなどという風景は、稀だった。ただし、ゴールデン街は例外だった。妙な下心は全くなかった、といったら嘘になるが、かなりフラットな気持ちで女（異性）と酒を飲み、議論する楽しみを、はじめて味わうことができた。

札幌でなじみの店も、女が深夜まで飲んでいた。この店の人間関係は、知るほどにかなり複雑だった。しかし、人間模様にかんして、表面だった角逐はほとんど見られなかった。喧嘩はあったが、単純な暴力沙汰だった。それも、どんどんスマートになった。この二〇年、さしたるドタバタ騒ぎは、絶えてなかった（のではないだろうか？）。

異性と飲む楽しみは、性的なものを含めて、好奇と興奮の入り交じったものだ、といったら、抽象的すぎるだろう。それでも、残念ながらというか、当然というべきか、人間には、男と女しかいない。その一方の異性と、飲むのである。忌憚なく話すのである。もちろん、マナーのないヤツ、悪いヤツは、アウトである。男、女にかぎらない。冷たい視線にサラされて、自然と店から消えてゆく。

兄妹の契りを交わした、女編集者がいる。仕事は、感心するくらい粘り強いが、泣き虫で、コロコロと心が変わる。こういう酒友を失いたくない、と思う。

ただし、酒は楽しい。人を結びつける。ところが、酒害がある。美貌で番を張っていた女が、アル中も手伝って、惚けが進行する。酒を飲んでいるところを見るのが辛い。そういう酒友が一人、ほとんど姿を見なくなった。寂しいが、ホッともする。

酒場で居ながらにして、多くの人生をのぞき見してきた。もちろん、わたしの人生も見られているに違いない。それにしても、酒場でなければ、こんなに多くの異性の人生など、知ることなどなかっただろう。こう述懐するわたしも、酒場では「現役」を張れなくなった。

補　わたしの読書案内

1　成長するための10冊

三五歳までに、読んでおいて欲しい本を選んだ。どれも読みやすい。

1　梅棹忠夫『知的生産の技術』（岩波新書　1969）

＊パソコン社会以前に、パソコンを使った思考法＝技術を展開。超ベスト・ロングセラー。

＊情報時代に相応しいより専門的な研究・仕事術には、『情報経営論』（1989）『情報管理論』（1990）がある。ともに岩波書店。

2　野口悠紀雄『「超」勉強法』（講談社　1995）

＊『「超」整理法』（中公新書　1993）とあわせて、パソコン時代に最適な勉強・仕事

術。ベスト・ロングセラー。

3　渡部昇一『知的生活の方法』（講談社現代新書　1976）

＊正統派の男性（大人）読書論。超ロング・ベストセラー。同著者の読書論、古典からビジネス向けまでの著書解説は、どれも役にたつ。

4　立花隆『僕はこんな本を読んできた』（文藝春秋　1995　文春文庫）

＊ジャーナリストになるなら、少し偏りはあるが、立花程度には読書したい。

5　谷沢永一『紙つぶて』（文藝春秋　1978　文春・PHP文庫）

＊史上「最高」読書通の衝撃的な読書コラム集。精読すると、読書愛が一変する。

6　鮎川信夫『時代を読む』（文藝春秋　1985）

＊戦後のアメリカを正当に理解した、独特の読書遍歴をもとに、時代を切る。吉本隆明の畏友だ。

7　吉本隆明『超資本主義』（徳間書店　1995　徳間文庫）

＊消費中心社会の基本構図を示し、その進化と矛盾を解き明かした、現代哲学の枠を示す。本書の前駆が『超西欧的まで』（弓立社　1987）

8　山崎正和『柔らかい個人主義の誕生』（中央公論社　1984　中公文庫）

＊消費資本主義の新しい社会システム、個人生活の「あり方」（art）を書いた、画期的評論。時局論、文芸批評、古典解読等に鋭利なメスを振るう。

9　山本七平『旧約聖書物語』（三省堂　1984　徳間文庫）

＊『聖書』は最古の歴史書であり、したがって人類の第一級の書（古典）だという立場を堅持するが、きわめて現代的な著作。

10　福沢諭吉『学問のすゝめ』（1872〜76　慶應義塾　岩波文庫　現代語訳〈筑摩新書〉）

＊スマイルズ『自助論』（1859）とあわせて読むべし。「自立自尊」と「私立活計」で生き抜くためには、学問（実学）と仕事（産業《インダストリ》）で努力し成果をあげよ、と説く。

2　成熟するための10冊

三六歳から五五歳まで読んで、第二の人生を準備すべし。

1〜3　司馬遼太郎の三冊　『国盗り物語』（新潮社）『菜の花の沖』（文藝春秋）『花神』（新潮社）各文庫あり

＊三冊とも「革命」家の物語だ。信長（政治経済）、高田屋嘉兵衛（海運・商社）、村田蔵六＝大村益次郎（語学・技術・軍事）である。

司馬の長編、中編、短編小説はみな面白い。『街道をゆく』シリーズ、コラム『この国のかたち』、対談等々、小説と同様に面白く、かつ賢くさせる。日本と日本人が好きになる。世界が広くなり、人間が好きになる。

4　小西甚一『日本文学史』（弘文堂　1953　講談社学術文庫　1993）

＊学問＝勉強＝仕事の基本は歴史センスだ。この小さい本は、歴史センスと表現力を磨くのに最適の一冊だ。難しいと思ったら、全五巻『日本文藝史』（講談社）を参照すべし。

5・6　長谷川慶太郎『環境先進国日本』（東洋経済新報社　2000）

古川俊之『高齢社会の設計』（中公新書　1989）

＊現代人のアキレス腱は、老人問題と環境問題だ。ともに二一世紀の主題である。二著は、この問題の政治・経済と科学・技術とによる解決を明快に語る。経済評論家の長谷川には、バブル以降の日本を展望した『日本の革命』（文藝春秋　1987）がある。古川は医者だ。コンピュータ技術を駆使して生命・医療問題を語る快著『機械仕掛けのホモサピエンス』（潮出版社　1987）がある。

7　宮崎市定『論語の新研究』（岩波書店　1974）「新訳」部分が『現代語訳論語』（岩波

現代文庫）

＊『論語』にはさまざまな訳や解説がある。まずは中国史研究の宮崎訳を推す。対極に呉智英『現代人の論語』（文藝春秋　２００３）がある。なお渋沢栄一『現代語訳　論語と算盤』（筑摩新書　２０１０）も参照に値する。

8・9　梅棹忠夫『文明の生態史観』（中央公論社　１９６６　中公文庫）岡田英弘『日本史の誕生』（弓立社　１９９４　ちくま文庫）

＊梅棹は、なぜ日本と西欧が、平行進化したのかを解き明かす。岡田は『世界史の誕生』（筑摩書房　１９９２　ちくま文庫）で、いつ・なぜ「世界史」が誕生したのかを明示する。ともに「世界」解明の鍵で世界史の扉を開けた。岡田は、日本史誕生の鍵を開けて見せた。

10　渡部昇一『日本の歴史』（全７＋１）（ワック　２０１０～１１）〔初編＝古代編（産業能率短期大学出版部　１９７３）〕

＊日本通史は頼山陽『日本外史』他数々ある。そのなかで、長年、日本史の研鑽に励んできた、文明史家でもある渡部の書を推したい。正統なる自国中心の歴史で、読みやすく、滋味深く、そして知的啓発に富んでいる。二〇代で読んでも早くない。

3 死ぬまでの10冊

＊七六歳以上、リタイア後の読書だ。悠々自適でも、孤立無援でも、孤独死の恐れを抱きつつでも、読書があれば、人は、とりわけ知的な人は生きられる。存分に楽しめる。それが人間だ。

とはいうものの、わたし自身は、すでに八〇歳に達し、リタイアの機を窺いながら、まだまだ未練が残る（ようである）。しかし思い切って、一〇冊挙げてみよう。全部が全集、あるいは著作集、あるいは大冊である。わたしにとっては、再読の部類に入る。

1　谷沢永一の全著作

＊数えた人がいるが、死後も増えている。わたしはあえて数えない、というか、数えることは不能・不毛だ。谷沢著作だけで、優に一年は過ごせる。それに谷沢が薦める本は、どれも読みたくなる。実際に、多少は読んできた。それだけで、二年は稼げる。

2　司馬遼太郎全著作

＊膨大な数に上る。『司馬遼太郎全集』全68（文藝春秋）。『司馬遼太郎短篇全集』全12（文藝春秋）。エッセイ集成『司馬遼太郎が考えたこと』全15（新潮社）。『この国のかた

ち』全6（文藝春秋）。『風塵抄』全2（中央公論社）。『街道をゆく』全43（朝日新聞）。それに『司馬遼太郎対話選集』全5（文藝春秋）。人物エッセイ集成『司馬遼太郎 歴史のなかの邂逅』全4（中央公論新社）。『司馬遼太郎全講演』全5（朝日新聞社）これだけで、まるまる二〜三年は過ごせる。

3 池波正太郎大成 全30（講談社）

＊エッセイ等は大幅にカットされているので、別途購入の要あり。講談社から未公刊エッセイ集（全5）が出ている。

4 藤沢周平全集 全26＋1（文藝春秋）

＊3・4で、軽く一年は楽しめる。

5 北方謙三『三国志』全13（角川春樹事務所）

＊とにかく抜群に面白い。「中国」は、西域（西戎）、南方（南蛮）、北方（北狄）が押し寄せ、揺り潰した「壺中」にすぎないというダイナミズムが、よくよくわかる。本書は、「三国志演義」の翻案ではなく、正史をベースにしている。呂布、馬超等の群像がよく活写されて、いい。北方の時代小説は『武王の門』他、みな面白い。一週間、悦楽に浸ることができる。

6　谷崎潤一郎全集　全30（中央公論社）。新全集が編まれている。
＊『細雪』は大衆小説にして純文学という、横光利一『旅愁』の願望を達成した。これは女家族を支える、男の甲斐性物語として読める。

7　伊藤整全集　全24（新潮社）『日本文壇史』　全18　未完（講談社　講談社文芸文庫）
＊時に引っ張り出しては、読まざるをえない必需品である。日本の近代小説・小説家とつきあうためには、伊藤の「論述」（証言）は、有力なジャッジ材料になる。またその小説『氾濫』他もいい。この人、大学教授で日本文芸家協会理事長までやった。『チャタレー夫人の恋人』（翻訳）が猥褻罪に問われ、有罪の判決を受けた。

8　大村彦次郎『時代小説盛衰史』（筑摩書房　２００５）
＊時代小説は、現代小説の花形である。勉強にもなる。大衆小説・時代小説家の「事情」をこれほど淡々とだが情味深く論じる人は、これからも出ないだろう。その他の、文壇シリーズ「うたかた」・「栄華」・「挽歌」物語も併読したい。すべて筑摩書房だ。時代小説を読まない人は、晩年が暗そう。

9　『開高健全作品』　全12（新潮社）『開高健全集』　全22（新潮社）
＊谷崎・伊藤整・開高健はセットだ。開高には、前人未踏の釣り紀行『オーパ！』シ

リーズ（全８）がある。全シリーズ、高橋昇写真で、文庫本化されているものもあるが、単行本で読むべし。文明批評家然とした開高のエッセイは少し白ける。『風に訊け』（集英社）は、絶妙な諧謔に満ちた人生相談集で、開高の面目躍如。『最後の晩餐』（文藝春秋）は人間論の白眉。

10 和田誠『お楽しみはこれからだ　映画の名セリフ』全７（文藝春秋）

＊ビデオ・ＤＶＤ鑑賞時代の「映画」の楽しみを満喫するためには、イラストレーターでエッセイストの和田の軽妙な「紹介」がぜひとも必要。時に、自分でも、和田式に紹介したくなる。ＤＶＤの映画があれば、一生、観ても見飽きない。

以上で、一〇年は読書三昧で過ごせる。読書ばかりが「人生」ではないのだから、七六歳から九六歳まで二〇年間、「完全老後」期を十分凌ぐことができるのではないだろうか。かくなれば、読書は生きる正真正銘の「糧」である。エッ、本代がもったいないって。以上あわせても、銀座で一週間も飲み続ければ、すってしまう金額ではないだろうか？

参照文献

0
トーマス・ホッブズ『リヴァイアサン』1651（岩波文庫　1954全4冊）
小田実『なんでも見てやろう』（河出書房　1961）
寺山修司『書を捨てよ、街へ出よう』（芳賀書店　1967）（角川文庫）

1
谷沢永一『本は私に人生のすべてを教えてくれた』（PHP研究所　2004）
谷沢永一『牙ある蟻』（冬樹社　1978）
谷沢永一『紙つぶて（完）』（文春文庫　1986）
宮本美智子『世にも美しいダイエット』（講談社　1994）

2
福沢諭吉『学問のすゝめ』（岩波文庫）
山本七平『日本資本主義の精神』（光文社　1789）
小室直樹『ソビエト帝国の崩壊』（光文社　1980）
長谷川慶太郎『80年代 経済の読み方』（祥伝社　1980）
日下公人『80年代 日本の読み方』（祥伝社　1980）
岡田英弘『日本史の誕生』（弓立社　1994）

3
伊藤仁斎『童子問』（岩波文庫）
渋沢栄一『論語講義』二松学舎　乾坤二巻（全七巻　講談社学術文庫　1923）

渋沢栄一『論語と算盤』1927（角川ソフィア文庫　2008）
デール・カーネギー『人を動かす』（創元社）

4
ナボコフ『ロシア文学史講義』（1981）（TBSブリタニカ　1982）
丸山圭三郎『ソシュールの思想』（岩波書店　1981）
子母沢寛『勝海舟』（新潮文庫全6）
司馬遼太郎『竜馬がゆく』（文春文庫全8）
プルタルコス『英雄伝』（ちくま学芸文庫全3）
シェークスピア『ジュリアス・シーザー』（新潮文庫）
マーガレット・ミッチェル『風と共に去りぬ』（新潮文庫全5）
ジェームズ・ジョイス『ユリシーズ』（集英社ヘリテージ文庫全4）
倉橋由美子『最後から二番目の毒想』（講談社　1986）
倉橋由美子『偏愛文学館』（講談社　2005）

5
小西甚一『日本文藝史』（講談社全5）
渡部昇一『渡部昇一　青春の読書』（ワック　2015）

鷲田小彌太（わしだ・こやた）
1942年、白石村字厚別（現札幌市）生まれ。1966年大阪大学文学部（哲学）卒、73年同大学院博士課程（単位修得）中退。75年三重短大専任講師、同教授、83年札幌大学教授。2012年同大退職。
主要著作に、75年『ヘーゲル「法哲学」研究序論』（新泉社）、86年『昭和思想史60年』、89年『天皇論』、90年『吉本隆明論』（以上三一書房）、96年『現代思想』（潮出版）、07年『人生の哲学』（海竜社）、07年『昭和の思想家67人』（PHP新書〔『昭和思想史60年』の改訂・増補〕）、その他91年『大学教授になる方法』（青弓社〔PHP文庫〕）、92年『哲学がわかる事典』（実業日本出版社）、2012年〜『日本人の哲学』（全5巻、言視舎）ほか、ベストセラー等多数。

装丁……長久雅行
編集協力……田中はるか
DTP制作……REN

読書原論
21世紀の読書＝忘れる読書

発行日❖2023年2月28日　初版第1刷

著者
鷲田小彌太

発行者
杉山尚次

発行所
株式会社**言視舎**
東京都千代田区富士見2-2-2 〒102-0071
電話03-3234-5997　FAX 03-3234-5957
https://www.s-pn.jp/

印刷・製本
中央精版印刷㈱

ISBN 978-4-86565-243-7　C0095

鷲田小彌太の著作

978-4-86565-216-1

哲学的人生相談

不安の時代に立ち向かう鷲田版『論語』。哲学は「人生相談」の極み。人生上の大小の難問に正面から向き合う。時代の「処方箋」。即答・回答・解答の３ステップで、快刀乱麻を断つごとく１１３の難問・奇問・珍問をさばく。

鷲田小彌太 著　　四六判並製 定価 1600 円＋税

978-4-86565-096-9

日本人の哲学名言１００

「ベスト１００」には誰が？　吉本隆明から日本書紀へと遡源する、日本と日本人の哲学の「箴言集」＝名言と解説。この１冊に日本の哲学のエッセンス＝おもしろいところを凝縮した決定版。

鷲田小彌太 著　　四六判並製 定価 1600 円＋税

978-4-86565-093-8

生きる力を引き出す

超・倫理学講義

自然哲学、社会・経済哲学、歴史哲学を内包した異色の学問！フツーの倫理学が教えない「鷲田倫理学」。「欲望」や「エゴイズム」とは？世に流通する「資本主義」「民主主義」「消費社会」の誤解を正し、新たな知を構築する。

鷲田小彌太 著　　四六判並製 定価 2000 円＋税

978-4-86565-199-7

三宅雪嶺 異例の哲学

三宅雪嶺は明治維新後の思想を代表する。雪嶺の国粋保存は保守反動思想ではない。その哲学は旧物保存の正反対、宇宙論、人類論、社会論など広大な思想体系である。膨大な歴史論、人物論、人生論も。司馬史観の源泉は雪嶺にあり。

鷲田小彌太 著　　四六判並製 定価 3000 円＋税

978-4-86565-051-8

言視舎　評伝選

山本七平

ベンダサンと山本七平は、別人である！日本の「常識」に衝撃を与えた『日本人とユダヤ人』の作者、「日本と日本人」を問い続ける「山本日本学」の深層に迫る。「異能の人」の信仰・表現の思想的関係を見定める本格評伝。

鷲田小彌太 著　　四六判上製 定価 3000 円＋税

978-4-86565-234-5

世界史の読み方
認識を刷新する４つの論点

論点１　20世紀末、社会主義が崩壊し、世界史の読み方が変わる　論点２　世界史の新しい読み方――「資本」の読解　論点３　「戦史」を読む――日清戦争～第２次世界大戦　論点４　「世界史」を読む――「達人」に学ぶ

鷲田小彌太 著　　四六判並製 定価 2000円＋税

978-4-86565-002-0

どんな論文でも書けてしまう技術
一億人の「知的生産」講座

知の実用書。600字書ければ30枚の論文が書ける！　30枚書ければ１冊書ける！　挫折するのは「失敗を約束された方法」で書いているから。論文を書くためのＡｔｏＺを完全解説。イラスト多数。

鷲田小彌太 著　　Ａ５判並製　定価 1200円＋税

978-4-905369-51-6

ヘーゲルを「活用」する！
自分で考える「道具」としての哲学

戦争、グローバル化といった山積する現代の難問に、ヘーゲルの哲学・思想を大胆に「使う」本。「矛盾」「自己対象化」「家族」「対立物の統一」等、難解で鳴るヘーゲルを誰にでも理解できるようにわかりやすく解説する超入門書。

鷲田小彌太 著　　四六判上製 定価 2000円＋税

福澤諭吉の事件簿 Ⅰ・Ⅱ・Ⅲ

哲学者・鷲田小彌太が満を持して書き下ろす本格歴史大河小説。歴史読本の知的興奮、理屈だけではなく剣豪小説のスリリングな展開、探偵小説の謎解き、伝奇小説の自在さを併せ持った、知的エンターテインメント歴史小説！

鷲田小彌太 著　　四六判並製 各 1500円＋税

978-4-86565-019-8

寒がりやの竜馬
幕末「国際関係」ミステリー

吉田松陰や坂本竜馬はなぜ「竹島」を目指したのか？竜馬にとって「蝦夷地」の意味とは？緊迫する当時の東アジア国際情勢の中で、竜馬をはじめとする幕末人物像を見直す歴史読み物。通説を大胆に覆す資料の「読み」と「推理」。

鷲田小彌太 著　　四六判並製 定価 1600円＋税